Adobe®

PREMIERE 6

pour PC/MAC

Editions ENI

ISBN : 2-7460-1502-1

Editions ENI

BP 32125
44021 NANTES Cedex 1
Tél : 02.51.80.15.15
Fax : 02.51.80.15.16

e-mail : editions@ediENI.com
http://www.editions-eni.com

Collection **MicroFluo** dirigée par Corinne HERVO

Préface

Cet ouvrage a été conçu pour vous aider à retrouver rapidement l'ensemble des fonctions offertes par le logiciel de montage vidéo **Premiere 6**. Bien que les exemples présentés dans cet ouvrage aient été conçus dans l'environnement Windows, les commandes sont identiques si vous travaillez sur Macintosh, à l'exception de la gestion des fenêtres, de certaines boîtes de dialogue telles que Ouvrir et Enregistrer.

Vous trouverez dans les dernières pages de cet ouvrage un **index thématique** et, en **annexe**, la liste des raccourcis-clavier PC et Macintosh.

Tout au long de ces pages, nous avons adopté les conventions typographiques suivantes :

Ce style de caractère est utilisé pour :	
gras	indiquer une option du menu ou d'une boîte de dialogue à activer.
italique	un commentaire ou une remarque.
Ctrl	symboliser les touches du clavier; lorsque deux touches sont placées l'une à côté de l'autre, vous devez appuyer simultanément sur les deux touches.

Le symbole introduit :	
▒	la manipulation à exécuter (activer une option, cliquer avec la souris...)
⇨	une remarque d'ordre général sur la commande en cours.
(clavier)	des manipulations à effectuer avec le clavier.
(souris)	des manipulations à effectuer avec la souris.
(menu)	des manipulations à effectuer à l'aide des menus.

INTERFACE

PROJET

RÉALISATION D'UN MONTAGE

TRANSITIONS ET EFFETS SPÉCIAUX

ACQUISITION ET EXPORTATION

ANNEXES

INDEX

1.1 Généralités

A-Lancer Premiere 6

- Sur PC, cliquez sur le bouton **Démarrer**, pointez le menu **Programmes**, pointez le menu **Adobe** puis le menu **Premiere 6.0** et enfin, cliquez sur l'option **Adobe Premiere 6.0**.
  Sur Mac, faites un double clic sur l'icône de Premiere installée sur le bureau.
  L'application Premiere se charge dans la mémoire de l'ordinateur. Si c'est la première fois que vous lancez le logiciel, Première propose immédiatement deux espaces de travail prédéfinis.
- Cliquez sur le bouton correspondant au mode choisi.

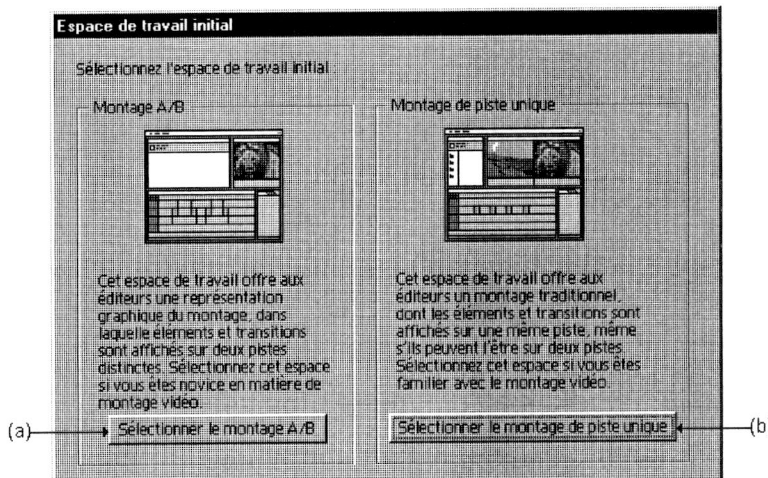

Le **Montage A/B** (a), couramment utilisé en montage professionnel, est celui qui donne la vision la plus précise du travail qu'effectue le monteur. Appelé montage en A/B roll", le monteur place ses éléments alternativement sur une piste et l'autre. Les transitions se positionnent sur une piste intermédiaire qui permet de passer d'une piste à l'autre en créant un effet. Ce choix implique que :

- Le mode **Affichage unique** est sélectionné dans la fenêtre **Moniteur.**
- Les éléments s'ouvrent dans une fenêtre différente.
- Dans la fenêtre **Montage**, la piste **Vidéo 1** se compose de trois sous-pistes : deux pistes vidéo (**1A** et **1B**) et la piste de transitions.
- Avec une résolution d'écran 1024x768, toutes les palettes sont disponibles ; avec une résolution d'écran 800x600, seules les palettes **Infos, Navigateur** et **Transitions** sont actives.

Le **Montage de piste unique** (b) est proche du montage analogique traditionnel dans la mesure où le choix des points de montage s'effectue dans le volet **Source** de la fenêtre **Moniteur** puis les éléments sont insérés et superposés dans la fenêtre **Montage**. Cette méthode peut convenir dans le cas d'un montage vidéo élémentaire. Ce choix implique que :

- La fenêtre **Moniteur** possède deux écrans, un pour lire les rushes (éléments source), l'autre pour lire le montage (le film).
- Les éléments s'ouvrent dans le volet **Source** de la fenêtre **Moniteur**.
- Les pistes **Vidéo** et **Transition** de la fenêtre **Montage** sont confondues.
- Les palettes disponibles avec une résolution d'écran 1024x768 sont les groupes de palettes **Navigateurs, Infos** et **Historique, Transitions, Vidéo** et **Audio**.

Une boîte de dialogue apparaît vous permettant de configurer les paramètres du projet (cf. 2.1 - C).

B-Changer l'espace de travail

Vous pouvez, en cours de montage, modifier l'espace de travail pour l'adapter au type de montage que vous souhaitez effectuer et vous faciliter l'accès à certains outils.

▒ **Fenêtre**
Espace de travail

▒ Cliquez sur l'option correspondant au mode souhaité :

Les options **Montage de piste unique** et **Montage A/B** correspondent aux espaces de travail proposés au premier démarrage de Premiere.

Le mode **Effets** implique que :

- le mode **Affichage unique** de la fenêtre **Moniteur** est actif,
- les éléments s'ouvrent dans une fenêtre distincte,
- sont affichés les groupes de palettes **Effets**, **Infos** et **Transitions**, **Vidéo**, **Audio**.

Le mode **Audio** implique que :

- le mode **Affichage unique** de la fenêtre **Moniteur** est actif,
- les éléments s'ouvrent dans une fenêtre distincte,
- la fenêtre **Mixage audio** est ouverte.

C-Découvrir l'interface de Premiere

L'interface est fonction de l'espace de travail sélectionné.

Espace de travail montage A/B

L'interface possède trois fenêtres principales et trois palettes flottantes contenant plusieurs onglets.

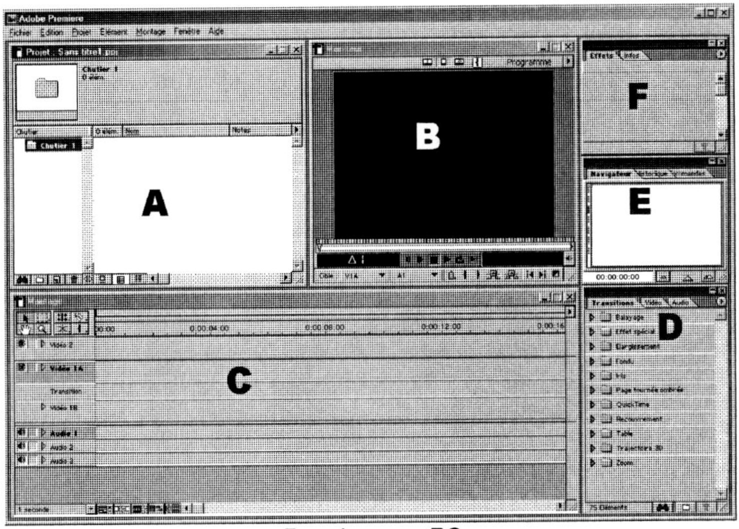

Premiere sur PC

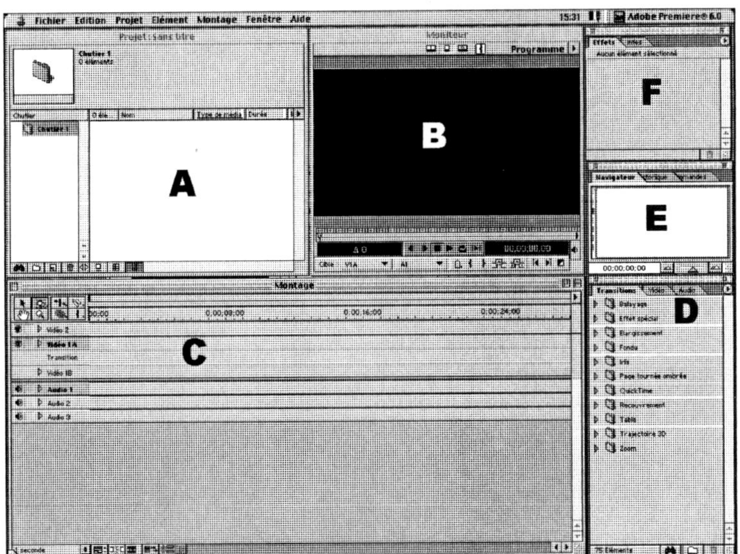

Premiere sur Mac

C'est dans la fenêtre **Projet** (A) que sont importés, organisés et enregistrés les différents éléments du projet : rushes (séquences vidéo), image, son, titre... avant d'être utilisés pour le montage final.
La fenêtre **Moniteur** (B) permet de visionner le film au cours du montage.
La fenêtre **Montage** (C) donne un aperçu de l'ensemble du film, de toutes ses pistes (images, sons, transitions, effets...) et du déroulement temporel. Elle détaille la continuité des images qui constitueront le résultat final.

Trois groupes de palettes (D), (E) et (F) apparaissent au-dessus des fenêtres. Ils possèdent plusieurs palettes.

Navigateur permet de parcourir rapidement le film du début à la fin.

Historique mémorise les actions que vous effectuez pendant votre montage. Il est ainsi facile de revenir à un état antérieur.

Commandes permet de créer des raccourcis-clavier pour les commandes les plus souvent utilisées.

Infos donne des informations sur les rushes, les transitions et le travail en cours.

Effets renseigne sur les trucages, les effets que vous appliquez.

Transitions Vidéo Audio permettent de créer des effets entre deux plans, se trouvent ici les effets compatibles Premiere 6.0.

Espace de travail montage de piste unique

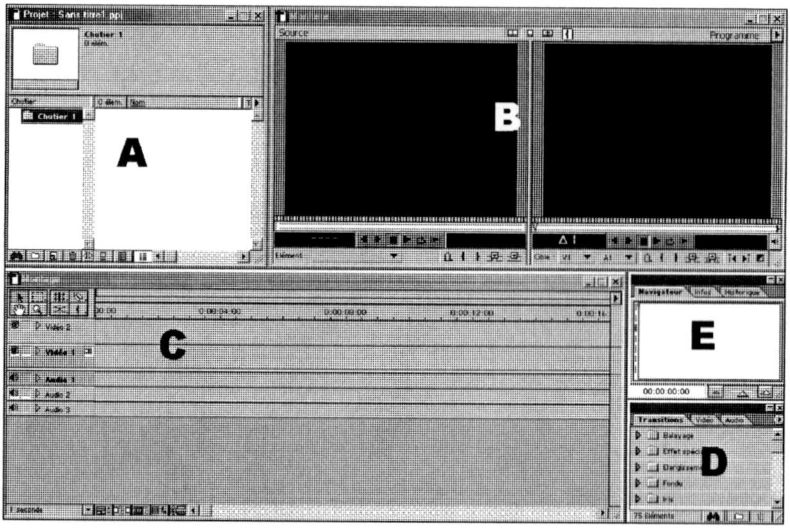

La fenêtre **Projet** (A) joue le même rôle que dans l'interface précédente. La fenêtre **Moniteur** (B) se compose à gauche, d'un écran dans lequel sont lus les rushes importés dans la fenêtre **Projet** et à droite, d'un écran dans lequel est visionné le montage final. Les boutons placés dans la partie inférieure permettent d'effectuer le montage.

Dans la fenêtre **Montage** (C), la piste **Vidéo 1** n'est pas dédoublée en deux parties **A** et **B** séparées par une piste de transition.

Il n'y a que deux groupes de palettes (D) et (E) qui possèdent chacun trois onglets correspondant aux palettes décrites plus haut.

⇨ *Pour passer d'une fenêtre à l'autre, utilisez le raccourci-clavier* [Ctrl][⇄].

D-Définir les paramètres de l'enregistrement et de l'annulation

Edition - Préférences - Enregistrement automatique/Annuler

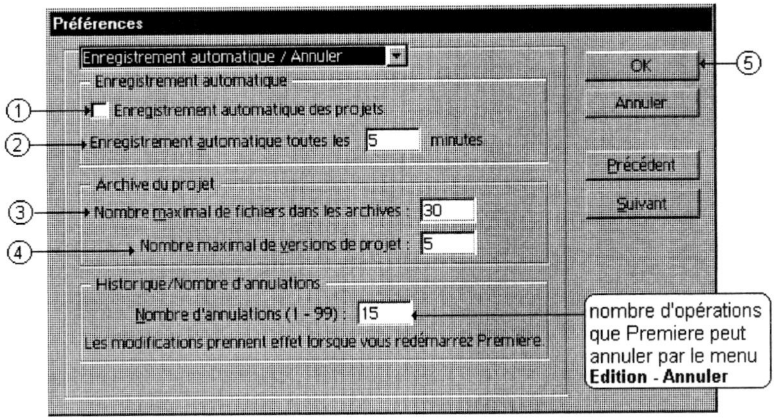

① Cochez cette option pour que Premiere enregistre automatiquement votre projet.

② Précisez la durée entre chaque enregistrement.

③ Précisez le nombre maximal de fichiers que peut contenir le dossier **Archive projet**.

④ Modifiez, si besoin est, le nombre maximal de versions de chaque fichier de projet.

⑤ Cliquez sur **OK**.

⇨ *Les modifications de paramètres ne seront effectives que lorsque vous redémarrerez Premiere.*

⇨ *Les enregistrements du projet peuvent se faire sur le même fichier ou sur des fichiers nouveaux à chaque fois si vous voulez conserver les différentes versions qui représentent les étapes d'avancement du projet. Les fichiers archivés sont enregistrés dans le sous-dossier **Archive projet** situé dans le dossier d'origine d'Adobe Premiere. Pour retrouver une version antérieure du projet, ouvrez le projet correspondant du dossier **Archive projet**.*

E-Définir le dossier des fichiers de prévisualisation

*Les fichiers de prévisualisation sont des fichiers temporaires créés par Premiere sur le disque dur lorsque vous prévisualisez une vidéo (si l'option **Prévisualisation depuis le disque** de la boîte de dialogue **Réglages du projet** est activée). Par défaut, ils sont créés dans le même dossier que le projet.*

Edition - Préférences - Disques de travail/Pilotage de matériel

- Sélectionnez le volume et le dossier à partir des listes déroulantes **Prévisualisations vidéo** et **Prévisualisation audio**.
- Cliquez sur **OK**.

⇨ *Choisissez un disque dur connecté à votre ordinateur de taille suffisante pour que la lecture vidéo soit possible.*

1.2 La fenêtre Projet

A-Paramétrer la fenêtre Projet en mode Liste

Dans la fenêtre Projet, organisée par défaut en mode Liste, sont rangés tous les médias qui serviront à la fabrication du film final.

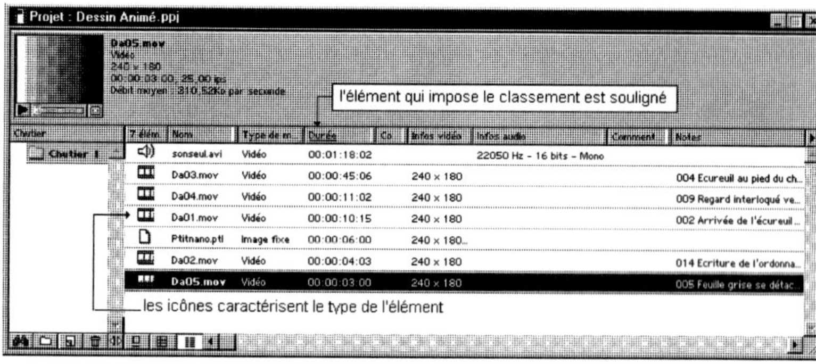

- Pour trier les éléments en ordre croissant ou décroissant, cliquez une ou deux fois sur l'en-tête d'une colonne.
- Pour modifier la largeur d'une colonne, faites glisser vers la droite ou vers la gauche les traits verticaux situés à la droite des en-têtes.
- Pour modifier l'ordre des colonnes, faites glisser les en-têtes de colonnes vers la droite ou vers la gauche selon l'ordre que vous préférez.
- Pour sélectionner les informations à afficher dans la fenêtre **Projet** :

Fenêtre	Clic droit (PC)
Options de fenêtre	Ctrl clic (Mac) sur la barre de titre
Options de la fenêtre Projet	de la fenêtre **Projet**

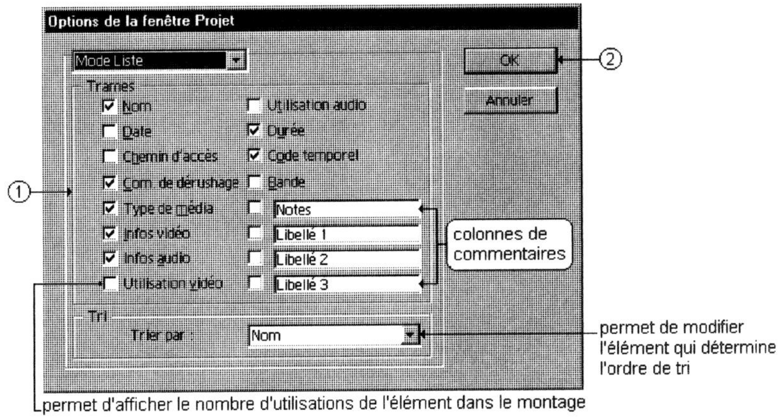

① Cochez les éléments que vous souhaitez voir apparaître et décochez ceux que vous ne souhaitez plus voir apparaître.

② Cliquez sur **OK** pour revenir à la fenêtre **Projet**.

B-Changer le mode d'affichage de la fenêtre Projet

- Pour modifier le mode d'affichage de la fenêtre **Projet**, utilisez les boutons situés en bas de la fenêtre **Projet** :

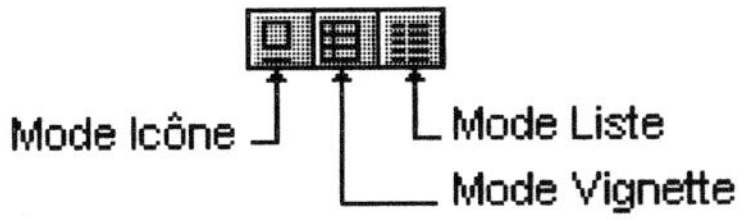

Mode Liste

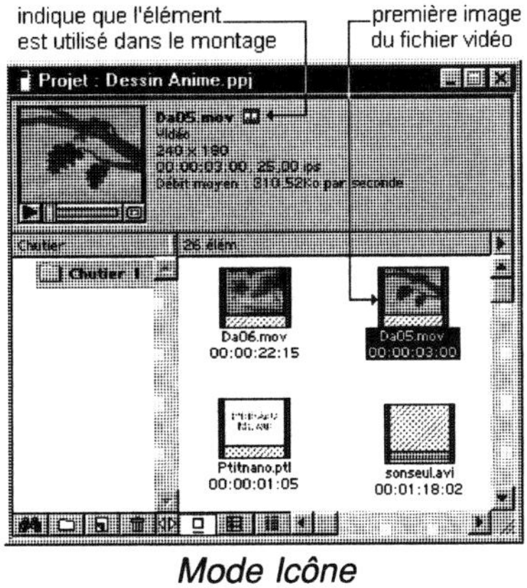

Mode Icône

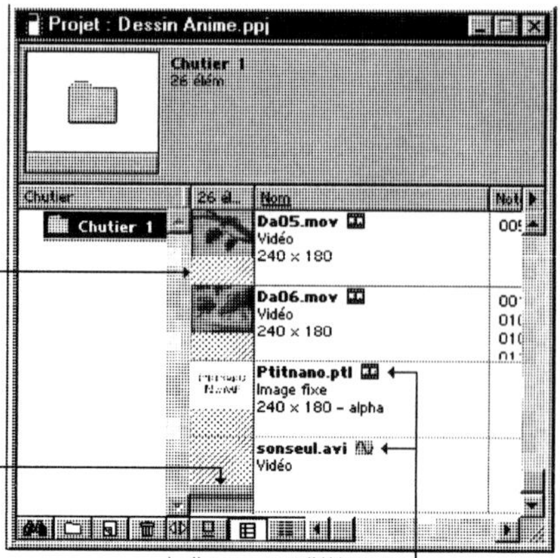

Mode Vignette

▒ Pour changer l'imagette de représentation du rush, sélectionnez le rush, déplacez le curseur situé sous le mini-écran en haut de la fenêtre **Projet** et cliquez sur le bouton [bouton].

⇨ *Lorsque vous enregistrez le projet, vous enregistrez aussi le mode d'affichage et les paramètres définis pour le projet.*

C-Paramétrer la fenêtre Projet en mode Vignette

▒ **Fenêtre**
Options de fenêtre
Options de la fenêtre Projet

Clic droit (PC)
[Ctrl] clic (Mac) sur la barre de titre de la fenêtre **Projet**

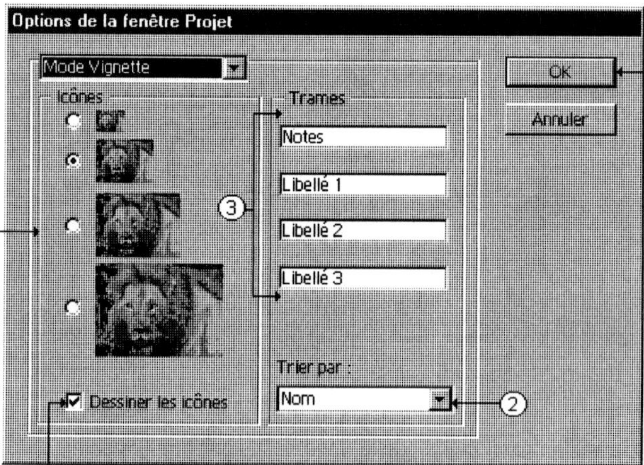

① Choisissez la taille des imagettes.

② Sélectionnez l'ordre de tri des éléments.

③ Modifiez, si besoin est, les en-têtes des colonnes de commentaires.

④ Cliquez sur **OK** pour revenir à la fenêtre **Projet**.

⇨ *Utilisez les colonnes **Notes** et **Libellé** pour écrire des informations relatives au contenu des rushes. Cette opération s'appelle le **dérushage**. Pendant la saisie, appuyez sur la touche* Entrée *pour changer de ligne.*

D-Paramétrer la fenêtre Projet en mode Icône

Fenêtre
Options de fenêtre
Options de la fenêtre Projet

Clic droit (PC)
Ctrl clic (Mac) sur la barre de titre de la fenêtre **Projet**

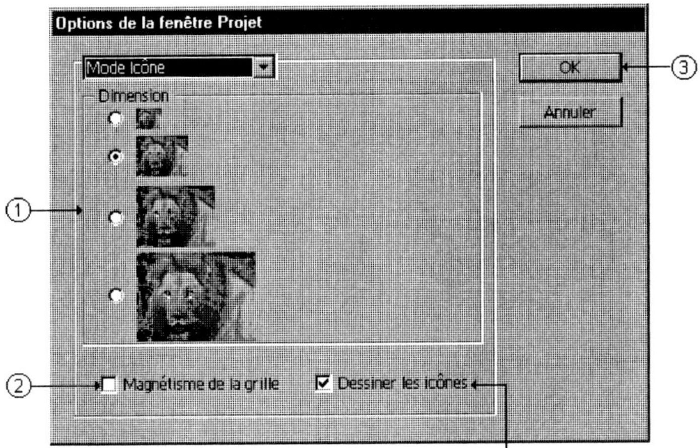

permet d'afficher la première image du fichier vidéo

① Choisissez la dimension des vignettes.

② Cochez cette option afin que les vignettes soient attirées sur une grille invisible lorsque vous les déplacez par cliqué-glissé ; elles conserveront leur alignement horizontal et/ou vertical.

③ Validez.

Pour déplacer les vignettes, faites-les glisser dans la fenêtre **Projet**.

Pour réorganiser votre fenêtre au cours de votre travail, faites un clic droit (PC) ou un Ctrl clic (Mac) dans la zone des vignettes et choisissez **Nettoyer la vue**.

1.3 La fenêtre Moniteur

A-Découvrir la fenêtre Moniteur

La fenêtre Moniteur permet de visualiser les images du film final et éventuellement des rushes, suivant le choix de l'espace de travail et du mode d'affichage de la fenêtre et d'effectuer des opérations de montage.

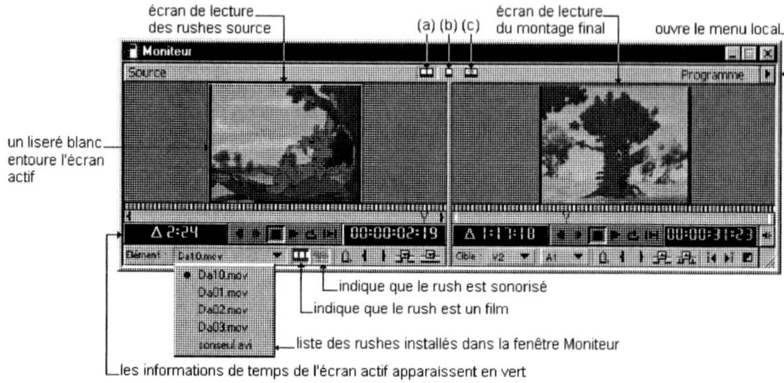

- Pour changer le mode d'affichage de la fenêtre **Moniteur**, utilisez les boutons :

Affichage double (a)	pour afficher un écran **Source** et un écran **Programme** de lecture du montage final (cet affichage correspond à l'espace de travail "piste unique").
Affichage unique (b)	pour afficher uniquement l'écran de lecture du montage final. Les rushes s'ouvrent alors dans une fenêtre **Elément** distincte.
Mode Raccord (c)	pour obtenir un affichage qui permet de contrôler le montage image par image (cf. 3.1 - Q).

- En mode **Affichage double**, lorsque plusieurs rushes ont été installés dans l'écran **Source**, pour sélectionner le rush à afficher, ouvrez la liste **Elément** et cliquez sur le nom du rush à afficher.
- Pour gérer la lecture du rush (mode Affichage double) ou du film final, ainsi que l'insertion de point d'entrée et de point de sortie, utilisez la barre de commande située sous les écrans :

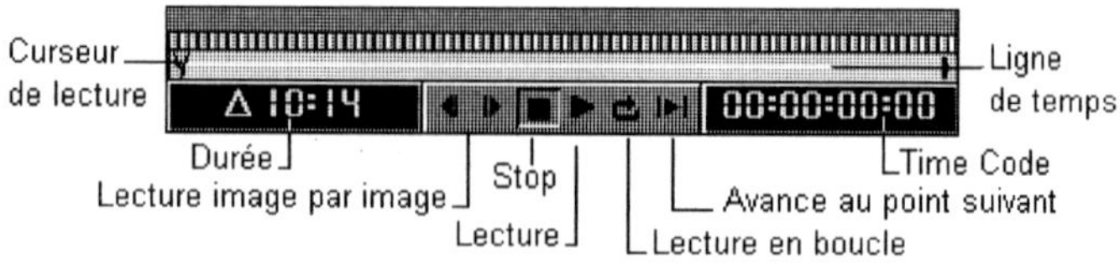

- Pour lire le rush sélectionné (mode Affichage double) ou le film final, cliquez sur le bouton . Cliquez plusieurs fois dessus pour obtenir une lecture à chaque fois plus rapide.

*Le **time code** (ou **code temporel**) s'incrémente au fur et à mesure que le rush avance. Le time code est un système standard à toute la profession vidéo. Il a été mis au point par la Society of Motion Picture and Television Engineers (SMPTE). Lors du tournage, la caméra attribue à chaque image du film, un numéro sous la forme : heures, minutes, secondes, trames. Ce numéro, inscrit sur la bande, est ensuite reconnu par toute la chaîne technique. Il permet de retrouver rapidement une image.*

Durant la lecture, le curseur se déplace dans la ligne de temps. Il donne la position (en temps) de l'image qui apparaît à l'écran.

- Pour stopper la lecture, cliquez sur le bouton.
- Pour retourner au début ou au point d'entrée et lire en boucle, utilisez le bouton.
- Pour lire un rush image par image dans un sens ou dans l'autre, utilisez les boutons ou. Maintenez le bouton appuyé pour progresser rapidement image par image. Pour avancer de 10 images en 10 images, appuyez en même temps sur la touche Shift.
- Pour lire un rush du point d'entrée au point de sortie suivant, cliquez sur le bouton.
- Pour préparer les plans et les insérer dans le montage (mode **Affichage double**), utilisez les boutons placés sous l'écran **Source** :

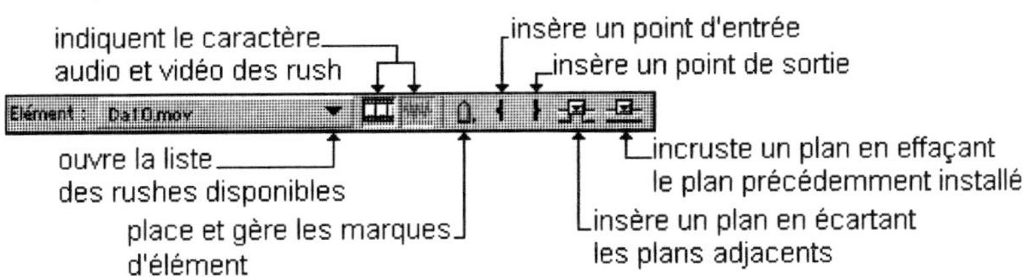

- Pour effectuer des opérations de montage, utilisez les boutons placés sous l'écran **Programme** :

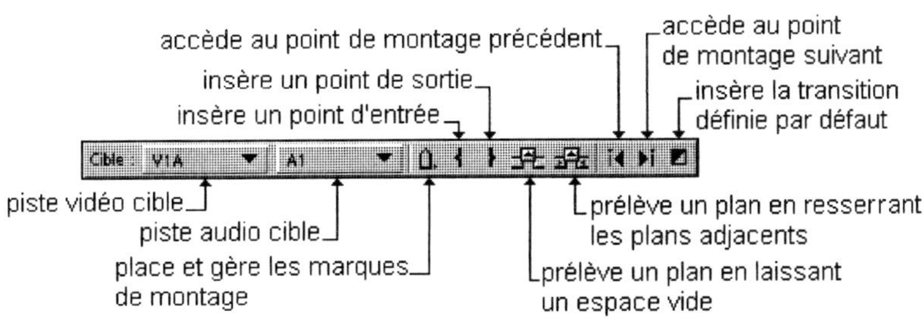

⇨ *Les boutons ou correspondent aux touches → et ←.*

⇨ *Les points d'entrée et de sortie sont aussi appelés point In/point Out, point Vidéo In/point Vidéo Out.*

⇨ *Si vous avez choisi l'espace de travail A/B ou si le mode **Affichage unique** de la fenêtre **Moniteur** est actif, les rushes s'ouvrent dans une fenêtre **Elément**. Les commandes de cette fenêtre sont identiques à celles de l'écran **Source**.*

B-Paramétrer la fenêtre Moniteur

▒ **Fenêtre**
Options de fenêtre
Options de la fenêtre Moniteur

Clic droit (PC)
Ctrl clic (Mac) sur la barre de titre de la fenêtre **Moniteur**

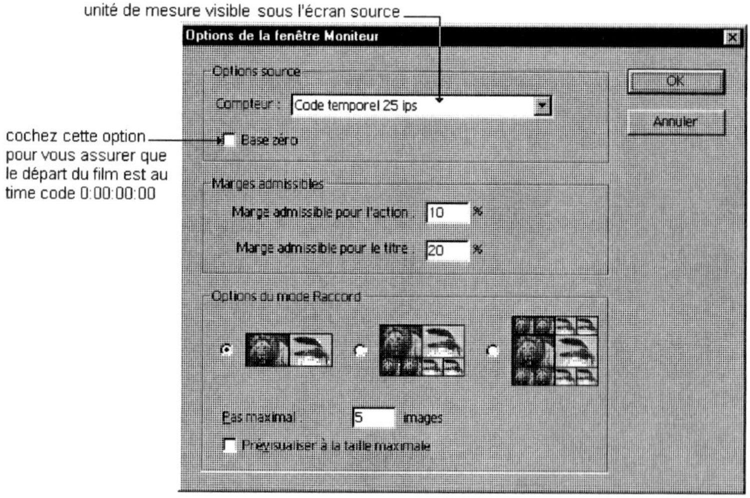

▒ Pour modifier la taille de la zone admissible, entrez, dans la zone **Marges admissibles**, des valeurs exprimant le pourcentage de l'écran **Source** ou **Programme** que vous souhaitez exclure de la zone admissible.

Ces options déterminent le cadre réel dans lequel l'image apparaît à l'écran. La taille des moniteurs vidéo étant différente, des éléments situés au bord du cadre peuvent disparaître sur certains moniteurs. La zone admissible délimite l'espace dans lequel toute l'image et tous les titres sont lisibles. La zone admissible pour l'image est souvent différente de la zone admissible pour le texte qu'il est gênant de ne pas lire en entier.

⇨ *Les **Options du mode Raccord** gèrent la représentation du film dans les écrans de la fenêtre **Moniteur** au moment de faire des raccords précis à l'image près (cf. 3.1 - Q).*

1.4 La fenêtre Montage

A-Découvrir la fenêtre Montage

*L'utilisation de la fenêtre **Montage** est la méthode la plus complète pour gérer l'assemblage des plans et le réglage des effets.*

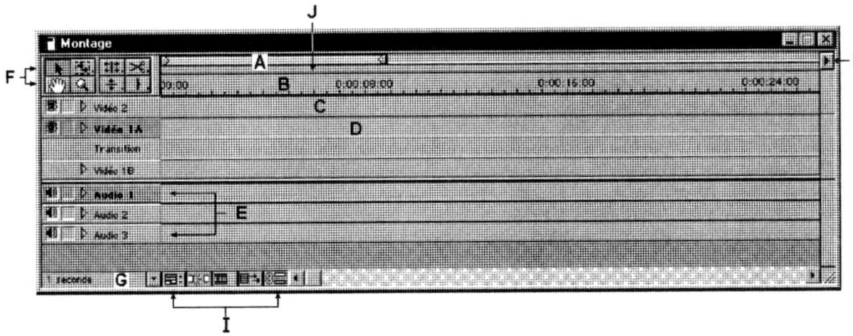

- La fenêtre **Montage** se compose :
  - d'une zone de travail (A) que le monteur déplace au fur et à mesure du montage,
  - d'une ligne de temps (B) qui représente le déroulement du temps,
  - d'une piste **Vidéo 2** (C) qui sert aux incrustations et aux effets spéciaux,
  - d'une piste **Vidéo 1** (D) dans laquelle s'effectue l'essentiel du montage. C'est la piste principale ; en mode de travail Montage A/B, elle se décompose en deux pistes **A** et **B** séparées par une piste **Transition**. En mode **Montage de piste unique**, les pistes **Vidéo** et **Transition** sont confondues. Par défaut, la piste **Vidéo 1** est développée.
  - de trois pistes **Audio** (E) dans lesquelles s'effectue le montage du son,
  - d'une palette d'outils (F) nécessaires au montage,
  - d'une liste déroulante permettant la gestion du temps (G),
  - d'un menu associé à la fenêtre **Montage** (H). Ce menu permet d'accéder entre autres aux options de la fenêtre.
  - d'une série de boutons servant à gérer certaines options (I).
  - d'une zone qui indique l'état de prévisualisation (J).

⇨ *Si vous avez choisi l'espace de travail piste unique, l'icône vous permet de basculer rapidement dans l'espace de travail A/B.*

B-Paramétrer la fenêtre Montage

- **Fenêtre**
  Options de fenêtre
  Options de la fenêtre Montage

Clic droit (PC)
Ctrl clic (Mac) sur la barre de titre de la fenêtre **Montage**

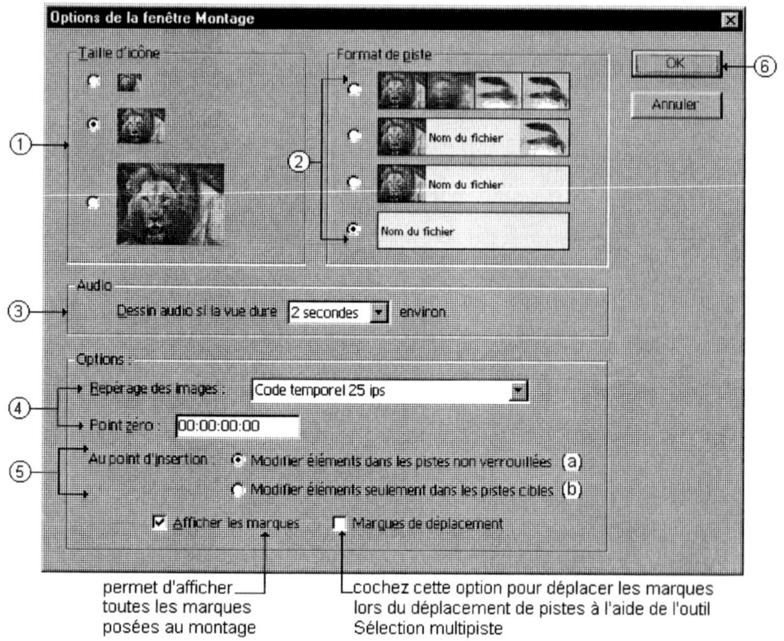

① Choisissez une taille d'imagettes.

② Choisissez un format de piste : le premier format assure une bonne vision de la continuité du film mais ralentit l'affichage.

③ Choisissez un facteur de zoom temporel pour la représentation de l'onde sonore sur les pistes audio.

④ Sélectionnez l'unité de mesure de la ligne de temps et modifiez, si besoin est, le point de départ du montage final.

⑤ Indiquez quelles pistes doivent être modifiées lorsque vous insérez un plan dans la fenêtre **Montage** : (a) toutes les pistes non verrouillées, (b) uniquement les pistes cibles.

⑥ Validez.

⇨ *L'unité de temps peut être modifiée à tout moment, en cliquant directement dans la ligne de temps de la fenêtre **Montage** tout en maintenant la touche* Ctrl *(PC),* ⌘ *(Mac) enfoncée.*

⇨ *Lorsque le pointeur de la souris se trouve au début d'un nouveau plan, il prend la forme* *. À la fin d'un plan, il prend la forme* *.*

⇨ *Lorsque le nom des plans n'est pas visible dans la fenêtre **Montage**, faites glisser le pointeur de la souris sur les imagettes pour voir apparaître le nom dans une info-bulle.*

C-Ajouter/supprimer des pistes dans la fenêtre Montage

- Ouvrez le menu de la fenêtre **Montage** puis choisissez **Options de piste**.

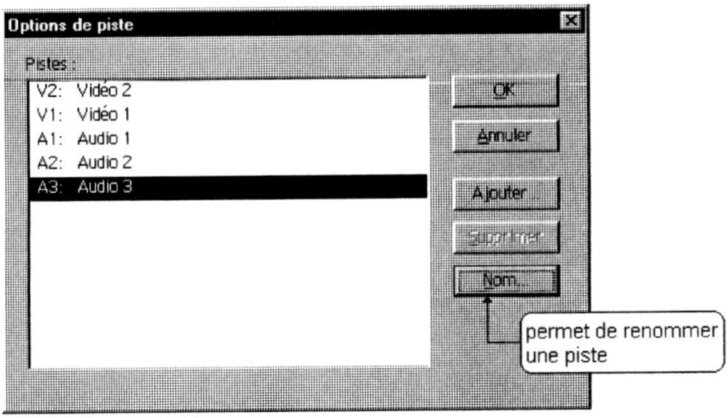

- Pour ajouter des pistes dans la fenêtre **Montage**, cliquez sur le bouton **Ajouter**.
- Choisissez le nombre de pistes vidéo et/ou audio que vous désirez ajouter, la fenêtre **Montage** pouvant contenir jusqu'à 99 pistes vidéo et 99 pistes audio.
- Cliquez sur **OK**.

  *Les nouvelles pistes apparaissent dans la fenêtre **Montage**, au-dessus des pistes existantes.*

- Pour supprimer des pistes dans la fenêtre **Montage**, sélectionnez les pistes concernées dans la fenêtre **Options de piste** (utilisez les touches [⇧ Shift] ou [Ctrl] pour sélectionner plusieurs pistes) et cliquez sur le bouton **Supprimer**.

⇨ *Seules les pistes que vous avez ajoutées peuvent être supprimées. Les éléments placés sur ces pistes sont supprimés, mais pas les éléments source contenus dans la fenêtre **Projet**.*

D-Gérer les pistes de la fenêtre Montage

- Pour développer ou réduire une piste, cliquez sur le triangle situé à gauche du libellé de la piste.
- Pour désactiver une piste, cliquez sur l'oeil (pistes vidéo) ou le haut-parleur (pistes audio). Pour réactiver la piste, cliquez de nouveau dans la case.
- Pour protéger une piste, cliquez dans la case vide située à côté de l'oeil (pistes vidéo) ou du haut-parleur (pistes audio).

  Une icône représentant un cadenas apparaît dans la case indiquant qu'il n'est plus possible d'effectuer des opérations de montage sur la piste.

- Pour marquer une piste, cliquez sur l'oeil en maintenant la touche [Ctrl] (PC), [⌘] (Mac) enfoncée.

- Pour masquer une piste, marquez-la puis ouvrez le menu de la fenêtre **Montage** et sélectionnez l'option **Masquer les pistes**.
- Pour réafficher une piste masquée, ouvrez le menu de la fenêtre **Montage** et sélectionnez l'option **Afficher les pistes**.
- Pour afficher les canaux **L** (Left) et **R** (Right) pour les sons stéréophoniques, cliquez sur le bouton bleu .

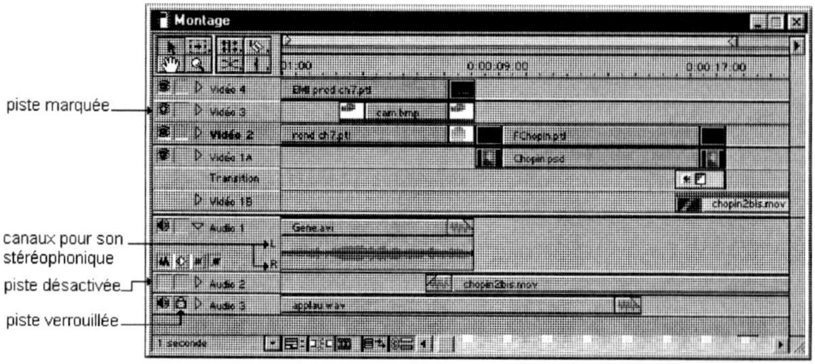

E- Calibrer la ligne de temps de la fenêtre Montage

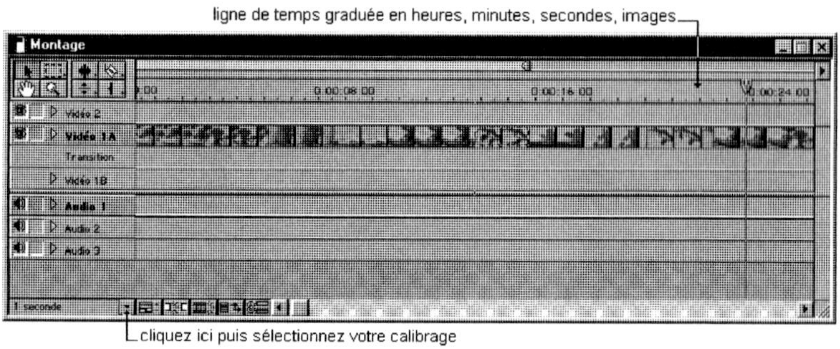

*Si votre base temps est de 25 images par seconde, vous devez avoir 25 images par seconde dans la fenêtre **Montage**. Le paramètre **1 image** donne un aperçu exact et précis du montage mais limite la longueur du film affichée à l'écran. Pour augmenter la longueur de film affichée à l'écran, choisissez un paramètre plus élevé.*

- Pour visualiser l'intégralité du film dans la fenêtre **Montage**, appuyez sur la touche <.

⇨ *Vous pouvez incrémenter l'échelle de temps à l'aide de l'outil ou en utilisant les touches plus (+) et moins (-) du clavier alphanumérique.*

⇨ *Pour changer l'unité de mesure du temps, vous pouvez aussi appuyer sur Ctrl (PC) ou ⌘ (Mac) et cliquer sur la ligne de temps jusqu'à ce que l'unité souhaitée soit sélectionnée.*

⇨ *Vous pouvez également calibrer la ligne de temps à partir de la palette **Navigateur**.*

1.5 Les fenêtres et les palettes

A- Gérer les palettes

- Pour afficher ou masquer une palette, ouvrez le menu **Fenêtre** puis choisissez la palette concernée.

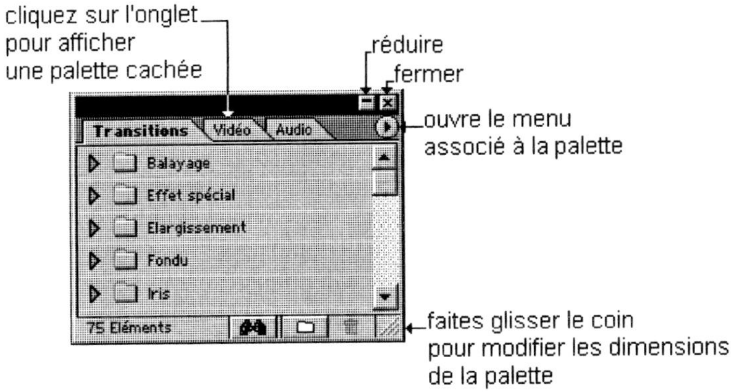

- Pour réduire une palette aux onglets qu'elle contient, faites un double clic sur sa barre de titre ou cliquez sur le bouton (PC) ou sur le bouton (Mac). Pour redonner à la palette sa taille précédente, refaites un double clic ou cliquez sur le bouton (PC) ou le bouton (Mac).
- Pour séparer des palettes réunies dans la même fenêtre, faites glisser l'onglet de la palette en dehors de la fenêtre. Pour les réunir à nouveau, refaites glisser la palette dans la fenêtre.

⇨ *La touche permet de masquer ou d'afficher rapidement les palettes.*

B-Découvrir la palette Infos

- **Fenêtre - Afficher Infos** Clic sur l'onglet **Infos**

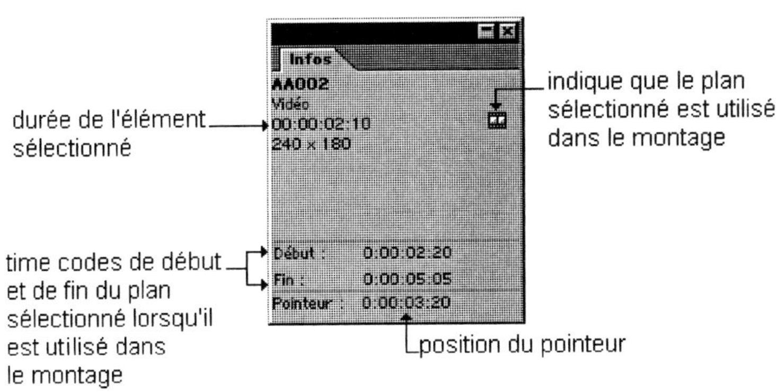

C-Découvrir la palette Navigateur

▒ **Fenêtre** Clic sur l'onglet **Navigateur**
Afficher Navigateur

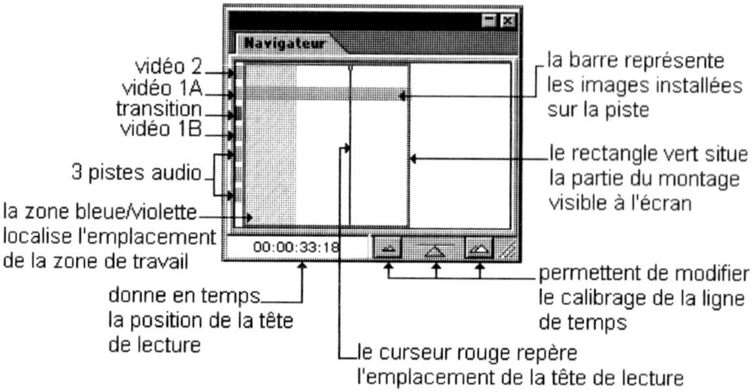

▒ Pour positionner le point de montage dans une zone précise du film, appuyez sur la touche [⇧ Shift] et cliquez dans la palette **Navigateur** vers l'endroit que vous souhaitez atteindre.

*L'image présente au point de montage s'affiche dans l'écran de droite de la fenêtre **Moniteur**.*

▒ Pour circuler dans le film de façon continue, maintenez la touche [⇧ Shift] enfoncée et faites glisser le curseur rouge.

La zone verte se déplace consécutivement au curseur rouge.

▒ Pour visualiser dans la fenêtre **Montage** une zone du film sans déplacer la tête de lecture, cliquez à l'endroit adéquat dans la palette **Navigateur**.
ou Pour faire ensuite défiler le contenu de la fenêtre **Montage**, maintenez le clic et faites glisser vers la droite ou vers la gauche.

Le rectangle vert se déplace en conséquence.

▒ Pour vous positionner à un endroit précis du montage, faites un double clic sur le compteur visible dans la palette **Navigateur**, tapez le time code (le séparateur : n'est pas nécessaire) et appuyez sur [Entrée].

Le curseur rouge se met en place et l'image correspondante s'affiche dans l'écran de droite de la fenêtre Moniteur.

D-Découvrir la palette Commandes

▒ **Fenêtre** Clic sur l'onglet **Commandes**
Afficher Commandes

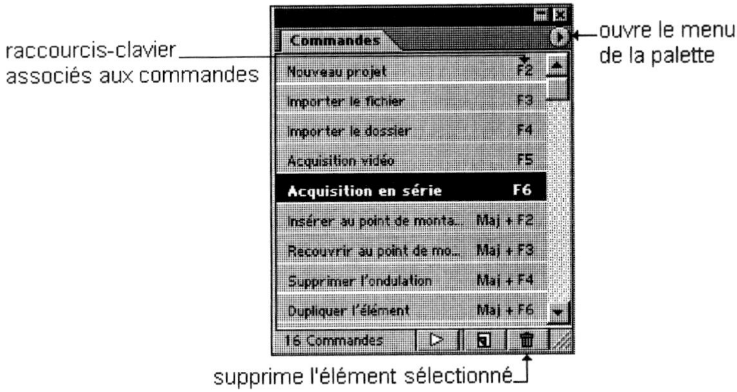

- Pour exécuter rapidement une commande présente dans la palette **Commandes**, cliquez dessus ou utilisez le raccourci-clavier associé.

  Pour que la commande s'exécute, la palette doit être en mode Bouton. Ce mode est actif par défaut.

- Pour activer/désactiver le mode Bouton, cliquez sur le bouton et cliquez sur l'option **Mode Bouton**.
- Pour modifier une commande, désactivez si besoin le mode Bouton. Sélectionnez la commande, cliquez sur le bouton situé en haut à droite pour ouvrir le menu de la palette puis choisissez **Options de commande**.

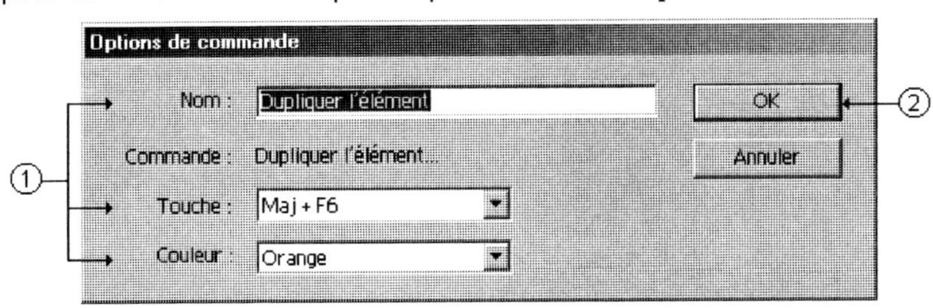

① Modifiez le nom, la touche de fonction et/ou la couleur de la commande (attention, la couleur n'est visible qu'en mode **Bouton**).

② Cliquez sur **OK**.

- Pour ajouter une nouvelle commande à la palette, désactivez si besoin, le mode Bouton. Cliquez sur le bouton ou bien cliquez sur le bouton puis choisissez **Ajouter une commande**.

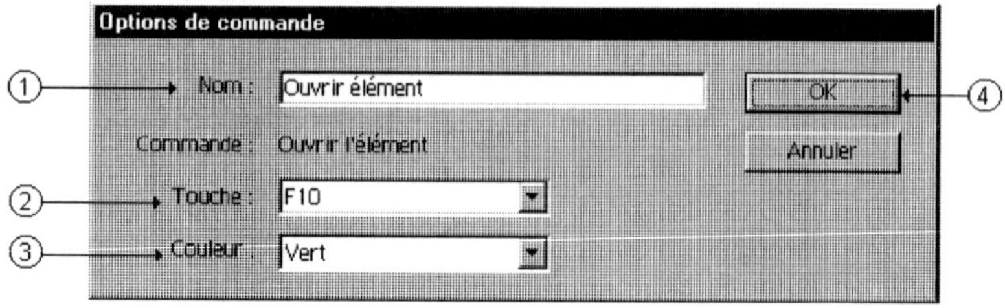

① Nommez votre commande, puis dans l'un des nombreux menus de Premiere, cliquez sur la commande que vous souhaitez mettre en bouton.

② Choisissez un raccourci-clavier.

③ Affectez, si vous le souhaitez, une couleur à la commande.

④ Cliquez sur **OK**.

L'option sélectionnée apparaît alors dans la palette ***Commandes.***

- Pour enregistrer la palette **Commandes**, ouvrez le menu de la palette puis choisissez **Enregistrer les commandes**.

⇨ *Sur PC, les fichiers de jeu de commandes portent l'extension .pfn.*

⇨ *Pour retrouver un jeu de commandes préalablement enregistré, exécutez l'option* ***Charger les commandes*** *du menu de la palette.*

E-Découvrir la palette Historique

Cette palette mémorise les tâches que vous effectuez.

- **Fenêtre** / **Afficher Historique** — Clic sur l'onglet **Historique**

- Pour annuler plusieurs tâches, cliquez sur l'élément correspondant à la dernière tâche à conserver.

Les tâches inférieures s'estompent. Elles disparaissent lorsque vous effectuez une nouvelle manipulation à partir du point sélectionné.

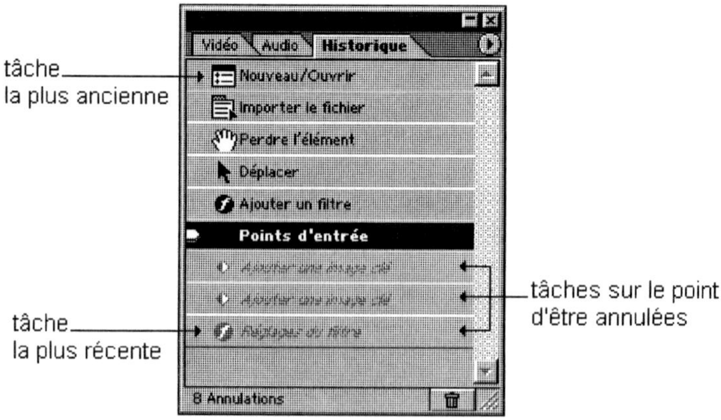

2.1 La configuration d'un projet

A-Définir la notion de projet

- Le concept de projet dans Adobe® Premiere associe la notion de fichier informatique et de film vidéo. Le fichier renferme toutes les informations qui concernent l'image et le son mais également tous les mouvements et réglages que vous opérez sur ces éléments ainsi que les effets, les transitions, les titres, les déplacements et autres ajustements. Ces fichiers sont fabriqués lorsque vous commencez à importer des éléments dans le logiciel. Pour chaque film que vous désirez créer, Premiere ouvre un nouveau projet.
- Premiere n'intègre pas dans le projet les vidéos et les sons que vous avez enregistrés sur votre disque dur, mais conserve uniquement une référence à ces fichiers. La position de ces derniers sur votre disque est donc importante. Si, en cours de montage, vous déplacez, renommez ou effacez un fichier, Premiere ne pourra pas poursuivre le montage. Une fois intégré dans le projet, le contenu du fichier devient un **élément** du projet.
- Tant que vous n'avez pas totalement achevé votre projet, il est recommandé de ne pas modifier les fichiers source.

B-Montage on line et montage off line

- Le montage **on line** consiste à effectuer l'intégralité d'un film (y compris la maquette) sur l'ordinateur d'où sortira la version finale. En vidéo analogique, le montage on line est effectué sur des stations de travail haut de gamme, coûteuses, capables de fournir une qualité d'images et des fonctions de traitements de données de qualité diffusion broadcast (aux normes de télédiffusion). Ce type d'équipement étant très cher, il est nécessaire de recourir à des sociétés de post-production vidéo, payées à l'heure, pour effectuer ce type de travail.
  Pour effectuer un montage on line, les éléments sont capturés une seule fois, au plus haut niveau de résolution permis par l'ordinateur. Cela suppose des équipements importants et des compétences solides.
- Le montage **off line** permet de réaliser des économies car il exige un équipement moins coûteux. Il est réalisé, de plus en plus, à l'aide d'un PC classique et du logiciel Premiere, à partir de rushes numérisés en basse résolution pour occuper le moins de place possible sur le disque dur et pour traiter les images sans calcul. En effectuant une acquisition vidéo en série avec des paramètres basse résolution, vous obtenez des fichiers plus petits pour monter plus rapidement, sans saturer votre machine. Lorsque vous êtes prêt à créer la version finale, vous pouvez, en utilisant la liste des points de montage EDL (EDit List), renumériser les éléments vidéo en utilisant les paramètres haute résolution définitifs (cf. 5.1 - F - Travailler off line).

C-Choisir les paramètres du projet

Au démarrage de Premiere et lors de la création d'un nouveau projet, s'affiche la boîte de dialogue **Chargement des paramètres du projet** *qui regroupe les paramètres vidéo prédéfinis. Le choix des paramètres est déterminant pour la réussite de votre travail.*

Si vous ouvrez Premiere pour la première fois, le standard proposé par défaut correspond aux paramètres utilisés par la vidéo aux États-Unis. Ces paramètres ne sont pas en usage en Europe.

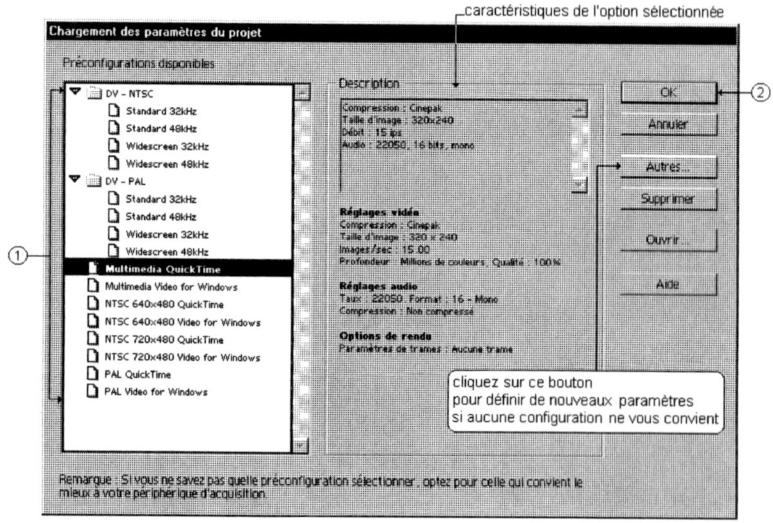

① Cliquez sur l'option qui correspond le mieux à votre équipement et à l'utilisation du film après son montage.

Si vous utilisez les nouvelles technologies vidéo numériques, que votre matériel est raccordé à votre ordinateur à partir de la connexion FireWire IEEE1394 et que vous souhaitez fabriquer un film projeté sur un écran vidéo (ou télé), sélectionnez le dossier **DV-PAL**. En fonction de la qualité sonore que vous souhaitez, vous pouvez choisir un son diffusé en 32 kHz ou 48 kHz. La qualité du son est meilleure en 48 kHz mais l'espace disque occupé sera important.

Les deux derniers éléments du dossier DV-PAL concernent le format vidéo 16:9 (écran panoramique) par rapport à l'écran télévision traditionnel 4:3.

Si vous souhaitez réaliser un film diffusé sur un ordinateur, vous avez le choix (sur PC) entre les deux standards vidéo du moment que sont QuickTime et Video for Windows ; sur Mac, vous disposez de l'option **Multimédia**. Dans ces deux standards, la taille de l'image généralement proposée est de 320 par 240 pixels.

Les choix NTSC suivants ne concernent pas les standards vidéo européens. Ils n'ont d'intérêt qu'aux États-Unis.

Les dernières propositions, **PAL Quick Time** et **PAL Video for Windows** (**PAL** sous Mac), concernent des films diffusés par un ordinateur dans les standards en vigueur mais avec une taille d'image correspondant à un moniteur vidéo ou une télévision, soit 768x576 en système couleur PAL (**Phase Alternative Line**) mis au point par les Allemands.

② Cliquez sur le bouton **OK**.

Premiere met ces paramètres en mémoire. Il vous les proposera lorsque vous rouvrirez ultérieurement le logiciel.

D-Régler les paramètres du projet

La définition des paramètres d'un projet se fait en fonction des paramètres locaux et de l'utilisation du film après son montage.

- Pour règler les paramètres d'un nouveau projet, cliquez sur le bouton **Autres** de la boîte de dialogue **Chargement des paramètres du projet**.

Définir le standard vidéo

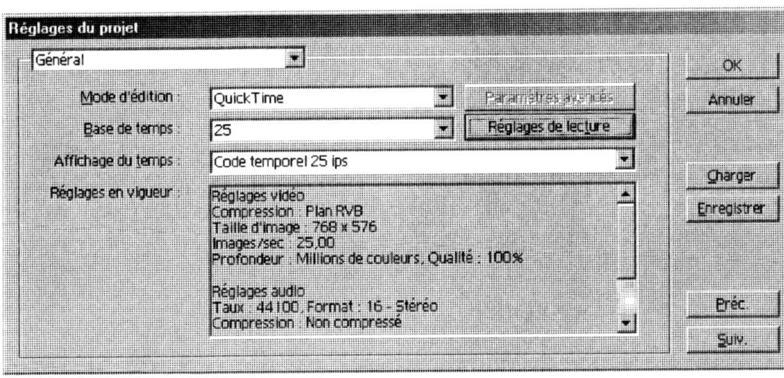

- Dans la liste **Mode d'édition (Mode de montage** sur Mac), choisissez le format des fichiers exploités dans le projet : **Video for Windows** (.AVI), **QuickTime** (.MOV) ou le format de votre carte d'acquisition vidéo.

  Le ***Mode d'édition*** *détermine le format dans lequel vous allez travailler. Si vous êtes équipé d'une carte d'acquisition vidéo (nécessaire pour numériser des images provenant d'une caméra analogique), vous pouvez choisir le format de votre carte ; sinon, choisissez le format AVI (intégré dans Windows dès la version 3 mais non reconnu par les Mac) ou le format QuickTime compatible avec toutes les plates-formes.*

- Dans la liste **Base de temps**, choisissez celle qui correspond au standard vidéo en vigueur.

En France et en Europe, la vidéo est synchronisée par le courant électrique dont la fréquence est de 50 Hz. Pour qu'une image ne scintille pas à l'écran, elle est décomposée en deux 1/2 images (appelées trames) qui apparaissent en 1/25ème de seconde chacune : c'est le système européen entrelacé. Les systèmes vidéos américains et japonais sont synchronisés de la même façon sur un courant électrique à 60 Hz ; donc deux 1/2 images en 1/30ème de seconde : c'est le système de télévision NTSC. Premiere, logiciel américain, peut proposer le 1/30ème de seconde par défaut. Il faut donc modifier ce paramètre pour monter un film qui sera utilisé par un système européen.

- Dans la liste **Affichage du temps**, ajustez le nombre d'images par seconde en spécifiant un style de code temporel basé sur le support le mieux adapté à votre projet.

Si vous montez un film cinéma, vous pouvez choisir un autre système d'affichage du temps, comme l'affichage du métrage (en pieds + des images) pour les films 16 m/m ou 35 m/m. Un film 35 m/m comprend 16 images par pied (0,32), un film 16 m/m en comprend 40 par pied.

*Le **Code temporel** définit le mode de comptage des images et influe sur la manière dont vous pouvez visualiser et définir le temps à l'intérieur d'un projet. Le nombre d'images par seconde est, aujourd'hui, de 24 images par seconde pour le cinéma. Nous avons vu plus haut que chaque trame défile au 1/25ème de seconde, ce qui nous donne le nombre d'images par seconde qu'il faut afficher pour avoir un film fluide.*

*Si vous désirez être compatible avec la vidéo européenne, choisissez **Code Temporel 25 ips**. Si vous désirez être compatible avec la vidéo US choisissez **Code Temporel compensé 30 ips**.*

Pour être précis, lorsque vous montez un film avec la base de temps 29,97 ips de la norme US (NTSC), la différence fractionnaire entre la cadence d'images 29,97 ips et la numérotation des images sur 30 ips entraîne une différence entre la durée déclarée du programme et sa durée réelle. Au début, l'écart est faible puis il croît au fur et à mesure de la durée du programme et modifie ainsi la durée réelle de votre film.

*Le code temporel compensé corrige cette erreur. Si vous choisissez le **code temporel compensé**, Premiere renumérote les deux premières images de chaque minute, à l'exception de la dixième. Aucune image n'est perdue : elles sont simplement renumérotées.*

Premiere affiche le code temporel compensé en séparant les chiffres par un point-virgule dans l'affichage du temps pour l'ensemble du logiciel ; il affiche le code non compensé en séparant les chiffres par deux points. Si la durée de votre film n'est pas un élément essentiel, vous pouvez conserver le code temporel non compensé 30 ips.

Le code temporel compensé a été spécialement mis au point pour une cadence de 29,97 ; ne l'utilisez jamais pour les systèmes européens (PAL ou SECAM) pour lesquels la cadence d'images est de 25 ips.

- Cliquez en bas à droite sur le bouton **Suiv**.

Définir les paramètres vidéo

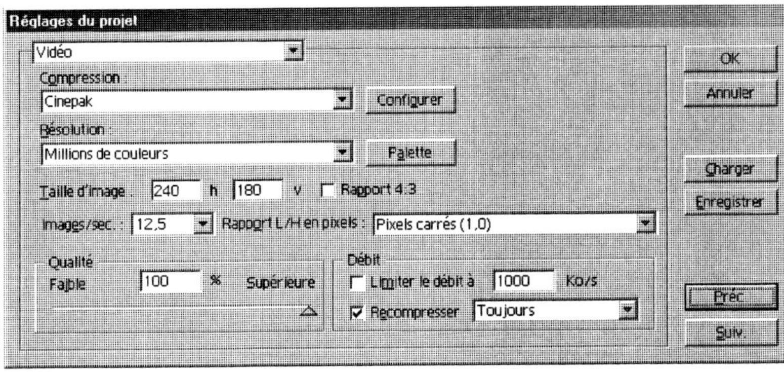

- Dans la liste **Compression**, définissez le mode de compression que vous allez utiliser pour votre film final.

  Sélectionnez l'option de compression qui correspond à votre carte d'acquisition si vous êtes équipé de ce matériel. Autrement, vous avez le choix entre de nombreux systèmes de compression détaillés dans le chapitre traitant de l'exportation. Le système de compression Cinepack est adopté par tous les constructeurs, il est le plus fréquemment utilisé même s'il n'est pas le plus performant.

- Dans la liste **Résolution** (**Profondeur** sur Mac), déterminez la qualité générale des images et plus particulièrement leur rendu colorimétrique. Si vous avez choisi **Codec Cinepack de Radius** sur PC, l'option est inactive car la compression Cinepack fonctionne en 32 bits.

  L'unité minimale d'information est le bit. Plus les bits qui composent les pixels d'une image sont nombreux, plus cette image est belle et détaillée. Les films AVI et QuickTime peuvent traiter des images en 24 bits (16 millions de couleurs) avec éventuellement une couche Alpha supplémentaire de 8 bits, ce qui fait 32 bits pour gérer les transparences qui viennent par exemple d'éléments graphiques importés depuis Photoshop.

  Premiere traite l'image avec 32 bits par pixel indépendamment de la profondeur initiale des images. D'autres systèmes, comme par exemple le NTSC, ne permettent pas une telle qualité, de même que les images destinées au réseau internet n'ont pas intérêt à dépasser 8 bits (soit 256 couleurs) pour des raisons inhérentes à la fluidité du réseau.

- Dans la zone **Taille d'image**, réglez la taille des images qui apparaîtront sur l'écran. Si vous avez une machine puissante, Pentium III 800 MHz avec 128 Mo de RAM, choisissez une taille d'image égale à 320 par 240. Si vous possédez une machine moyenne, il est préférable d'opter pour une taille d'image de 240 par 180. Si vous possédez une machine standard, optez pour une taille d'image de 180 par 120.

Cette taille dépend du résultat final que vous désirez obtenir : film vidéo enregistré sur VHS ou film visionné sur cédérom. La taille d'une image est toujours exprimée en pixels (Picture Element). La norme ISO 9660 spécifie, pour le cédérom, une taille d'image de 640x480 pixels qui correspond à la résolution des écrans 15 pouces généralement achetés par le grand public. La taille d'une image vidéo PAL est de 720x576, c'est la taille qu'il faut choisir si l'on désire recopier son film sur une cassette vidéo. La taille d'une image vidéo NTSC est 640x480.
Mais il y a un rapport entre la taille de l'image et les capacités de l'ordinateur. Plus l'image est grande, plus le microprocesseur peine à afficher les millions de pixels nécessaires à son apparition.

Si l'option ***Rapport 4:3*** *est cochée, la deuxième valeur s'affiche automatiquement après la saisie de la première valeur. Attention, ce rapport est valable pour la vidéo, décochez cette option si vous faites un film pour cédérom.*

- Dans la zone **Rapport L/H en pixels**, définissez la forme des pixels de l'image qui doit correspondre au format d'écran que vous avez choisi.

Si vous souhaitez faire de la vidéo européenne, choisissez ***D1/DV PAL (1.067)****. Si vos images proviennent d'un logiciel graphique pour faire de l'animation, préférez* ***Pixels Carrés (1,0)****. Si vous utilisez un écran 16:9, choisissez* ***D1/DV PAL Grand écran 16:9 (1,422)****. Si vous souhaitez déformer votre image en l'anamorphosant, choisissez* ***Anamorphe 2:1 (2,0)****.*

Les autres options concernent la vidéo US ou des tailles d'images importantes (1440 x 1024 pixels ou 2880 x 2048 pixels).

Si vos images ne correspondent à aucun de ces critères, gardez la valeur en ***Pixels carrés****.*

- Dans la zone de liste **Images/sec**. précisez la cadence de défilement du film final.

Le nombre d'images par seconde détermine la fluidité du défilement cinématographique. Avec un ordinateur courant, il est préférable de limiter le débit à 12,5 images par seconde. Ce chiffre correspond à la moitié de la fréquence de balayage d'une trame (1/2 image).

- Le curseur **Qualité** autorise un ajustement de la compression.

La compression Cinepack est dite "destructive" c'est-à-dire que plus elle est forte, plus l'image est dégradée donc la qualité faible. Moins la compression est forte, plus la qualité de l'image est bonne.

- Selon le codec sélectionné, vous pouvez limiter le flux des informations de lecture des images à l'aide de l'option **Limiter le débit à**. Ce flux dépend des capacités de votre machine, des paramètres d'acquisition, de la taille des images et du type de diffusion (cédérom, réseau internet...).

Le débit moyen tourne autour de 170 à 400 Ko/s sur une machine Pentium 133 pour des images d'une taille de 240 x 180 pixels en 24 bits. Si vous prévoyez de diffuser ces images sur l'internet, la sagesse recommande de limiter le débit à 100 Ko/s.

- Si vous avez coché l'option **Limiter le débit à**, cochez l'option **Recompresser** puis choisissez :

Toujours	pour que Premiere recompresse systématiquement toutes les images.
Conserver le débit (PC)	pour que seules les images dépassant le débit autorisé soient recompressées (**Maintenir le débit** sur Mac).

Lorsque vous relisez ou exportez une vidéo constituée d'éléments source compressés, vous pouvez choisir de les recompresser ou de les laisser tels quels. Il est préférable d'éviter de recompresser, car vous ne pouvez pas économiser plus d'espace en compressant de nouveau avec les mêmes paramètres. En fait, dans la mesure où de nombreux compresseurs provoquent la perte de données, la recompression d'un élément entraîne une dégradation de la qualité des images.

- Cliquez en bas à droite sur le bouton **Suiv**.

Définir les paramètres audio

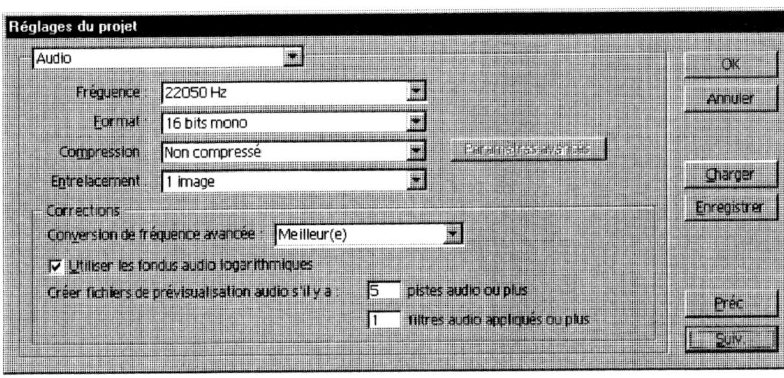

- Sélectionnez la **Fréquence** d'échantillonnage du son.

L'ordinateur traduit le courant électrique en une suite de nombres 0 et 1. Il le fait aussi pour le signal sonore qui devient, alors, numérique. La qualité du son numérique dépend de la fréquence d'échantillonnage et de la profondeur en bits.

*Le paramètre **22 050 Hz** correspond à l'utilisation d'une machine aux performances courantes. Le son d'un disque audio est, par exemple, échantillonné à une fréquence de 44 kHz. C'est le meilleur paramètre réservé au son de qualité Haute Fidélité (Hi-Fi), mais il demande à l'ordinateur de gérer une quantité de données impressionnante. C'est pourquoi, le cédérom et l'internet réduisent la fréquence d'échantillonnage aux environs de 22 kHz.*

- Dans la liste **Format**, indiquez la profondeur numérique du son.

*La **profondeur du son** donne la plage de nombres utilisée pour décrire le son. Un format 16 bits correspond à un réglage de qualité. Le son stéréo est sûrement intéressant, mais là encore, il est nécessaire de maintenir un équilibre judicieux entre la qualité de l'image et du son avec un flux gérable par l'ordinateur.*

- Dans la liste **Compression**, choisissez un codec son.

  Ce dernier, comme l'image, dispose de systèmes de compression spécifiques (détaillés dans le chapitre 5.2). La compression Cinepack proposée dans les paramètres vidéo a été inventée pour traiter les films, donc des ensembles images plus sons. Or il n'est pas recommandé d'ajouter une compression à une autre compression. Dans ce cas, sélectionnez l'option ***Non compressé.***

- Dans la liste **Entrelacement**, vous pouvez choisir les méthodes de chargement du son par rapport à l'image sur le disque dur.

  Si vous choisissez une valeur égale à ***1 image****, le son correspondant à la durée de l'image lue sera chargé en mémoire RAM de manière à pouvoir être entendu jusqu'à l'apparition de l'image suivante. Sur le disque dur, chaque secteur son sera alterné avec un secteur image. Si le son est coupé lors de la lecture, il est possible que l'ordinateur ne soit pas capable de traiter le son selon la fréquence définie par l'entrelacement. Lorsque vous augmentez la valeur de ce paramètre, Premiere stocke les segments audio plus longtemps et ces derniers doivent donc être traités moins souvent ; cependant, plus la valeur de l'entrelacement est élevée, plus la mémoire est sollicitée.*

- Dans la liste **Conversion de fréquence avancée**, indiquez un niveau de qualité pour convertir la fréquence des sons que vous utiliserez dans le montage à la fréquence indiquée dans la zone **Fréquence**. La conversion de fréquence permet de contrôler à la fois l'augmentation et la réduction de la fréquence d'échantillonnage. Si vous sélectionnez :

  Non le son sera échantillonné rapidement, mais la qualité sera moyenne.

  Bon(ne) vous obtiendrez un équilibre entre la qualité et le temps de traitement.

  Meilleur(e) le son sera échantillonné de manière à produire une qualité optimale, mais ceci nécessite un temps de traitement plus long que les autres options.

- Pour traiter les niveaux de gain audio selon l'échelle logarithmique utilisée par l'oreille humaine, cochez la case **Utiliser les fondus audio logarithmiques.** Ne cochez pas cette option pour traiter les modifications du gain selon une courbe linéaire.

  Lorsque cette option est cochée, les variations sonores semblent plus naturelles lorsque le son augmente ou diminue, mais le temps de traitement s'en trouve allongé. L'option ***Utiliser les fondus audio logarithmiques*** *n'influe pas directement sur les commandes audio de la fenêtre* ***Montage*** *; les changements sont dus au traitement du niveau de gain.*

- Indiquez le nombre de **pistes audio** et de **filtres audio appliqués** à partir duquel Premiere doit **Créer des fichiers de prévisualisation audio.**

Pour écouter le son avant de le monter, Premiere utilise les capacités mémoire de l'ordinateur. Comme ce travail sollicite fortement la machine, il se peut que le résultat soit mauvais ; c'est pourquoi Premiere vous demande à partir de quand il doit créer des fichiers de pré-écoute sur le disque dur pour soulager la mémoire vive.

- Cliquez sur **Suiv.**

  La boîte de dialogue suivante définit le rendu des effets lorsque vous prévisualisez votre montage.

Définir le rendu général

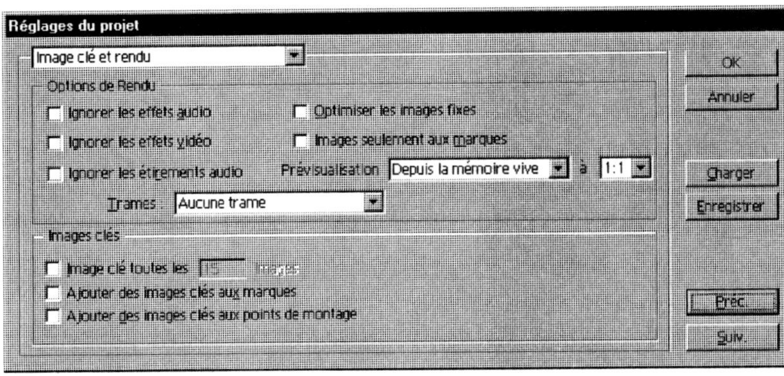

- Dans les **Options de rendu**, en fonction de la capacité de votre ordinateur, vous pouvez demander que Premiere n'occupe pas trop d'espace mémoire RAM en cochant les cases **Ignorer les effets audio**, **Ignorer les effets vidéo**, **Ignorer les étirements audio**.

  Si vous cochez ces cases, vous allégez votre mémoire mais vous ne disposerez pas de prévisualisation immédiate des effets générés par les filtres, aussi sera-t-il nécessaire de les décocher au moment d'exporter votre film final.

- Lorsque vous montez votre film, vous souhaitez visualiser votre travail. Choisissez un mode de **Prévisualisation** en fonction de votre patience et de la capacité de votre ordinateur :

  - **A l'écran** : Premiere ouvre le résultat de votre séquence le plus vite possible à l'écran sans tenir compte de la vitesse de défilement que vous avez sélectionnée dans les paramètres de votre projet. C'est une visualisation approximative.

  - **Depuis le disque** : Premiere ouvre un dossier de prévisualisation sur votre disque dur et y stocke les éléments de la prévisualisation. Cette option est nécessaire pour les films très riches en effets spéciaux, images et sons sur des images de grande taille.

- **Depuis la mémoire vive** : pour une lecture des effets en temps réel. Si taille d'images, effets variés et richesse son dépassent la quantité de RAM disponible, Premiere ne pourra pas réussir les prévisualisations. Si vous insistez malgré tout pour utiliser ce système, vous pouvez ajuster la taille de l'image à la capacité de votre RAM en modifiant le rapport de grossissement. Le rapport **1:1** restitue votre image telle que l'original, le rapport **1:2** réduit votre image de moitié, le rapport **1:4** diminue votre image de 75%. Ainsi, la mémoire RAM est moins sollicitée et vous pouvez visualiser vos effets en temps réel.

- Veillez à cocher la case **Optimiser les images fixes** pour utiliser efficacement les images fixes dans les fichiers vidéo exportés.

  Cette option permet d'économiser de l'espace disque car les images fixes sont traitées comme des images entières et non pas avec le système de la vidéo entrelacée et elles ne sont pas répétées 25 fois par seconde.

- La liste **Trames** concerne la lecture des vidéos entrelacées destinées à être exportées sur une cassette vidéo. L'image télévision étant composée de trames, demandez que la lecture commence par la **Trame du haut en premier** ou par la **Trame du bas en premier** si vous désirez exporter votre film sur un magnétoscope. Pour un film sur cédérom, préférez **Aucune trame** puisque l'informatique n'utilise pas le balayage entrelacé.

- Définissez, si besoin est, des images clés.

  *L'encadré **Images clés** concerne la sélection d'images de référence pour optimiser la compression. Ce sont des images que le système recalcule complètement pour vérifier les variations et les modifications des pixels avec les images précédentes et les images suivantes. Vous pouvez insérer des images clés à un intervalle donné ou à des repères définis dans la fenêtre **Montage**. Si le codec spécifié ne prend pas en charge les images clés, les options correspondantes ne sont pas disponibles.*

- Cliquez sur **Suiv**.

Définir les paramètres d'acquisition

Si vous possédez une carte d'acquisition, cette boîte de dialogue fixe les paramètres d'acquisition vidéo détaillés dans le chapitre consacré à ce sujet.

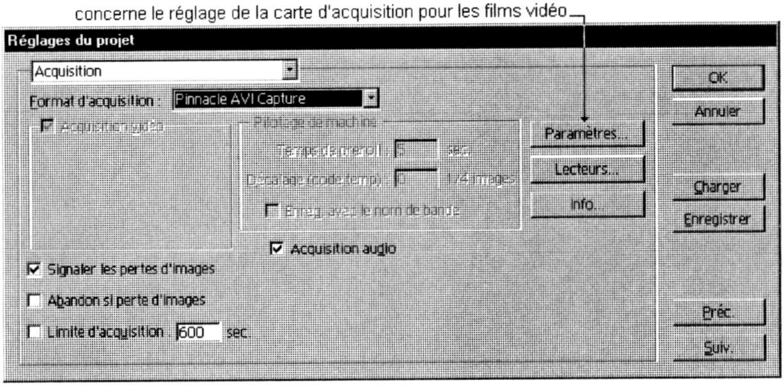

Enregistrer les paramètres

- Cliquez sur le bouton **Enregistrer** de la boîte de dialogue **Réglages du projet**.

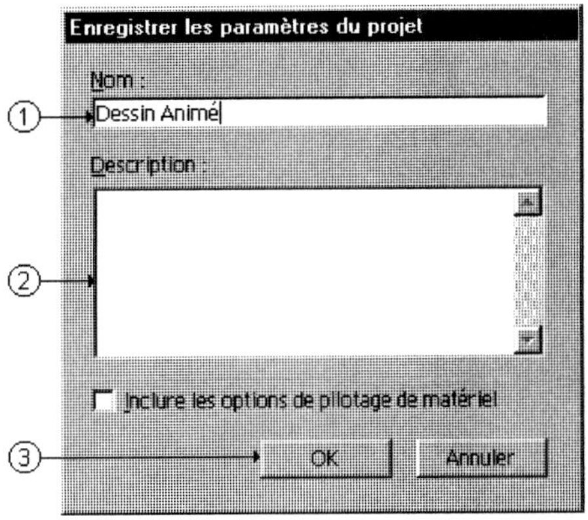

① Tapez un nom.

② Incrivez un commentaire qui caractérise votre configuration.

③ Cliquez sur **OK**.

- Pour achever la définition des paramètres, cliquez sur le bouton **OK** de la boîte de dialogue **Réglages du projet**.

⇨ *Lorsque vous relancerez Premiere, ces paramètres vous seront proposés par défaut.*

⇨ *Pour restaurer les paramètres par défaut (PC), quittez l'application et relancez le logiciel en maintenant les touches* [Ctrl] *et* [⇧ Shift] *enfoncées.*

⇨ *Pour retrouver les paramètres d'un projet, utilisez le menu* ***Projet - Réglages du projet*** *et cliquez sur l'option correspondant aux paramètres à visualiser.*

E-Comparer les paramètres d'un projet

Avant toute opération d'acquisition, d'exportation ou de montage, il est important de vérifier que vos réglages sont identiques dans toutes les catégories.

▒ **Projet - Tableau des réglages**

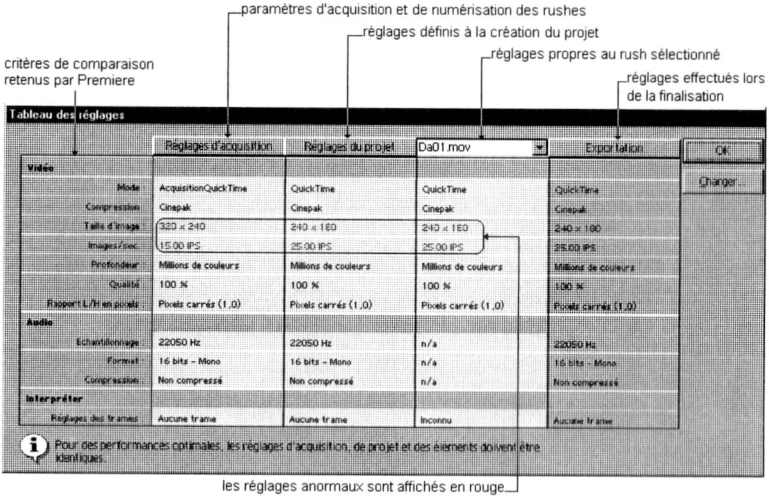

▒ Pour corriger un réglage, cliquez sur l'en-tête de la colonne concernée et modifiez le paramètre dans la boîte de dialogue qui s'affiche.

▒ Cliquez sur **OK** lorsque les réglages sont corrects.

2.2 La gestion d'un projet

A-Créer un nouveau projet

▒ **Fichier**
Nouveau projet

Ctrl **N** (PC)
⌘ **N** (Mac)

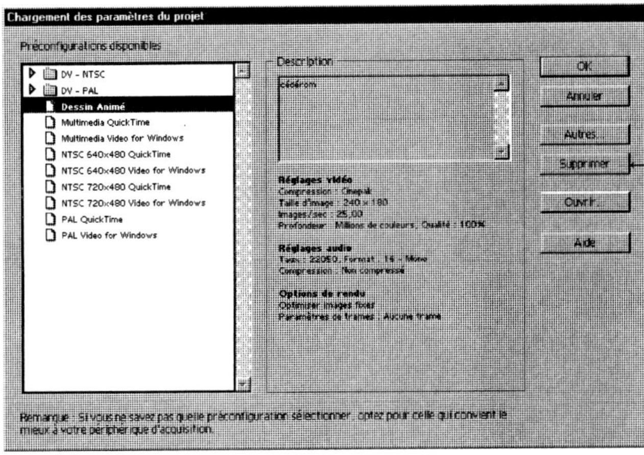

permet de supprimer la configuration sélectionné

- Pour appliquer au nouveau projet des paramètres prédéfinis ou enregistrés, sélectionnez la configuration souhaitée dans la liste **Préconfigurations disponibles** puis cliquez sur **OK**.

  Pour définir de nouveaux paramètres cliquez sur **Autres**. Réglez les paramètres (cf. 2.1 - D) puis cliquez sur **OK**.

B-Enregistrer un projet

- **Fichier - Enregistrer** ou **Enregistrer sous** ([Ctrl] **S** ou [Ctrl][⇧ Shift] **S** (PC)) ([⌘] **S** ou [⌘] [⇧ Shift] **S** (Mac))
- Procédez comme vous faites habituellement avec n'importe quelle application.

⇨ *Sur PC, les projets portent l'extension .ppj.*

⇨ *Le projet ne contient pas les éléments que vous avez importés, mais seulement des liens avec les fichiers source de ces éléments : si vous déplacez le fichier de projet dans un autre dossier, vous pourrez toujours exploiter les éléments qu'il contient car le chemin d'accès est défini de façon absolue. Par contre, si vous déplacez ou renommez un fichier source ou un dossier qui contient un fichier source, Premiere ne sera plus en mesure de retrouver les éléments (cf. 2.2 - C).*

⇨ *La commande **Fichier - Enregistrer une copie** ([Ctrl][Alt] **S** (PC), [⌘] [⌥][⇧ Shift] **S** (Mac)) permet d'enregistrer le projet sous un autre nom tout en conservant le projet en cours ouvert.*

C-Ouvrir un projet

- **Fichier** [Ctrl] **O** (PC)
  Ouvrir [⌘] **O** (Mac)
- Accédez au dossier contenant le fichier projet créé par Premiere puis faites un double clic sur son icône.

- Si vous avez choisi l'option **Prévisualisation Depuis le disque** de la boîte de dialogue **Réglages du projet** et s'il manque un des fichiers de prévisualisation créés auparavant, Premiere vous interroge :

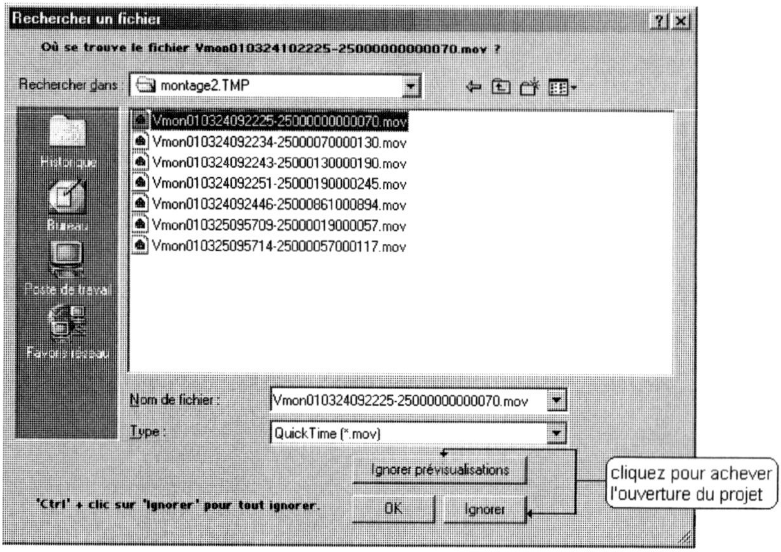

- Si vous avez déplacé, modifié ou renommé des fichiers correspondant aux éléments source, Premiere affiche une boîte de dialogue de recherche de fichiers :

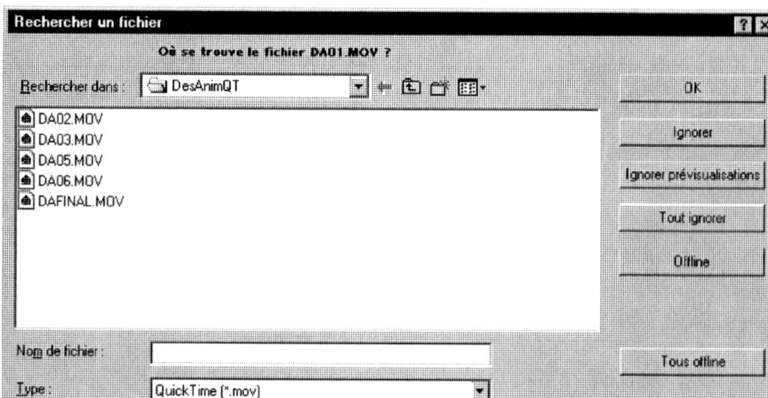

- Pour retrouver un élément, cherchez son emplacement sur le disque dur et cliquez sur **OK** (PC) ou sur **Sélectionner** (Mac).
- Si le fichier est introuvable ou manquant, cliquez sur :

Ignorer	pour retirer l'élément du projet qui disparaît aussi de la fenêtre **Montage** s'il s'y trouvait.
Tout ignorer	pour retirer tous les éléments pour lesquels le fichier source est introuvable.

Offline — pour remplacer l'élément manquant par un fichier off line que vous pourrez à tout moment remplacer par le fichier d'origine (cf. 2.3 - D).

Tous offline (Tout off line) — pour remplacer tous les éléments manquants par des fichiers off line.

D-Importer un projet

Lorsque vous travaillez sur un gros projet, vous pouvez le décomposer en plusieurs petits projets faciles à gérer, puis importer chacun d'entre eux dans le projet principal au moment de la création du programme vidéo définitif.

- **Fichier Importer Projet** — Ctrl Alt ⇧Shift I (PC) / ⌘ ⌥ ⇧Shift I (Mac)
- Localisez et sélectionnez le projet à importer puis cliquez sur **OK**.

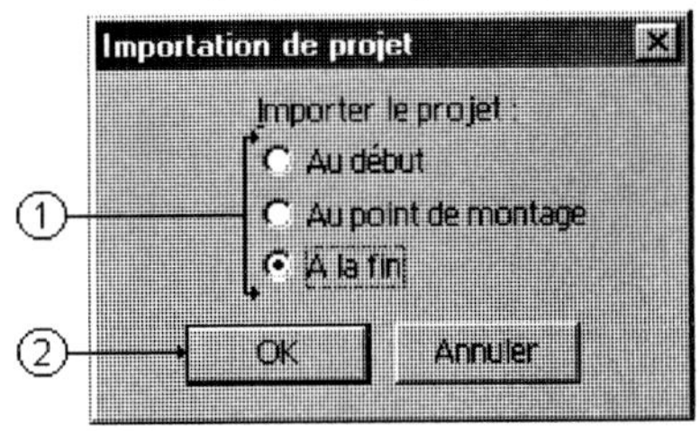

① Indiquez où vous souhaitez importer ce projet.

② Lancez l'importation.

Les éléments du projet importé sont placés dans un chutier nommé d'après le projet importé.

⇨ *Tous les effets spéciaux du projet importé, tels que les transitions et les effets sont inclus dans l'importation. Si le projet importé possède des pistes dont le nom ne figure pas dans le projet de destination, elles seront rajoutées dans le montage.*

E-Conformer un projet

- La conformation de projet répond à deux objectifs :
  - elle permet d'archiver le projet dans sa version finale en créant un nouveau projet qui contient uniquement les éléments utiles du projet.
  - elle permet aussi de créer une liste d'acquisition en vue de la renumérisation des rushes en haute résolution.
- **Projet - Utilitaires - Conformation de projet**

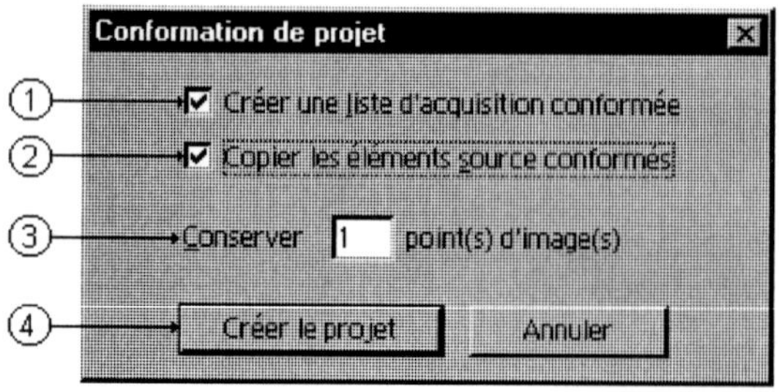

① Cochez cette option pour que Premiere crée une liste qui mémorise l'origine des rushes utilisés dans le montage.

② Cochez cette option pour que Premiere crée sur le disque une copie de chaque fichier source comprenant uniquement les portions de rushes utilisées dans la fenêtre **Montage**. Laissez l'option inactive si vous conformez le projet dans l'objectif d'un montage off line.

③ Entrez le nombre d'images que vous souhaitez conserver, avant et après les points d'entrée et de sortie de chaque élément. Ceci vous permettra au besoin de retoucher légèrement votre montage.

④ Lancez la conformation du projet.

- Cliquez, si besoin est, sur **OK** pour enregistrer le projet avant la création de la version conformée. Sélectionnez un dossier d'enregistrement différent du dossier original, précisez le nom du nouveau projet puis cliquez sur **Enregistrer**.
- Si vous avez demandé la création d'une liste d'acquisition, sélectionnez un dossier, précisez le nom du fichier (extension .pbl) puis cliquez sur **Enregistrer**.

⇨ *Les éléments source conformés sont créés dans le même dossier que le projet conformé et portent chacun le nom du fichier source suivi du caractère _ puis d'un numéro.*

2.3 Les éléments du projet

A-Importer des éléments dans la fenêtre Projet

Les éléments qui vont constituer votre film peuvent être des rushes (fichiers numériques au format AVI, QuickTime...), du son (fichiers au format WAV, AVI...), des images fixes (fichiers issus de logiciels graphiques tels que Photoshop (format PSD), Illustrator (format AI)...) Les rushes sont des séquences vidéo que vous avez filmées avec votre caméra et qui ont été numérisées par l'intermédiaire d'une carte d'acquisition afin d'être exploitables par Premiere. Les éléments importés ne doivent pas dépasser 4000 pixels de hauteur sur 4000 pixels de largeur.

Importer un élément

- **Fichier**
  Importer
  Fichier
  [Ctrl] **I** (PC)
  [⌘] **I** (Mac)
- Accédez au dossier contenant l'élément à importer.
- Sélectionnez le fichier concerné puis cliquez sur **Ouvrir** ou faites un double clic sur le nom du fichier.

  *Le fichier apparaît dans la fenêtre **Projet**.*

Importer plusieurs éléments

- Sur PC, dans la boîte de dialogue **Importer**, cliquez sur le premier fichier à importer. Pour sélectionner un groupe de fichiers contigus, appuyez sur [⇧ Shift] et cliquez sur le dernier fichier à importer. Si les fichiers ne sont pas contigus, cliquez sur chaque fichier en maintenant la touche [Ctrl] enfoncée. Cliquez ensuite sur le bouton **Ouvrir**.
- Sur Mac, utilisez la commande **Fichier - Importation - Multiple**. Cliquez sur le premier fichier à importer, appuyez sur la touche [⇧ Shift] et cliquez sur chacun des fichiers concernés. Cliquez sur **Ouvrir**.

  *Tous les éléments importés apparaissent dans la fenêtre **Projet**.*

⇨ *Les fichiers ne sont pas réellement importés. Premiere place dans la fenêtre **Projet** des pointeurs qui vont retrouver instantanément les fichiers source. Il est donc préférable que les fichiers se trouvent sur le disque dur pour en accélérer l'accès.*

⇨ *Vous pouvez importer directement un dossier complet ; le dossier apparaît dans la fenêtre Projet en tant que **"Chutier"**.*

⇨ *Lorsque vous importez une image fixe, Premiere modifie le rapport largeur/hauteur en fonction de la taille de l'image vidéo ; pour éviter cela, cochez la case **Verrouiller le rapport L/H** de la boîte de dialogue **Préférences**. L'option **Durée par défaut** de cette même boîte de dialogue, permet de définir la durée associée par défaut aux images fixes importées.*

⇨ *Vous pouvez importer une piste d'un CD audio en la convertissant au format WAV sur PC, au format AIFF sur Mac.*

Ouvrir un élément avant de l'importer

- **Fichier**
  Ouvrir
  [Ctrl] **O** (PC)
  [⌘] **O** (Mac)
- Sélectionnez le fichier à examiner puis cliquez sur **Ouvrir**.

  *L'élément s'affiche dans l'écran source de la fenêtre **Moniteur** (espace de travail piste unique) ou dans une fenêtre indépendante (espace de travail Montage A/B). Vous pouvez alors le visualiser.*
- Pour ajouter cet élément après l'avoir ouvert, veillez à ce que la fenêtre qui contient l'élément soit active puis utilisez la commande **Elément - Ajouter l'élément au projet** ([Ctrl] **J** (PC), [⌘] **J** (Mac)) ou faites glisser l'élément dans la fenêtre **Projet** ou sur une piste de la fenêtre **Montage**.

  Le rush s'installe dans la fenêtre Projet.

B-Gérer les éléments

- Les éléments d'un projet se gèrent comme tout fichier informatique. Pour copier, déplacer ou supprimer un élément visible dans la fenêtre **Projet**, utilisez les options du menu **Edition** (**Couper**, **Copier**, **Coller**, **Effacer**) ou les raccourcis-clavier correspondants.
- Pour renommer un élément, sélectionnez-le puis **Elément - Titre de l'élément** ou Ctrl **H** (PC) ou ⌘ **H** (Mac). Précisez le nouveau nom de l'élément puis cliquez sur **OK**.

  En mode Liste, vous pouvez aussi cliquer sur l'élément pour le sélectionner, cliquer sur le nom pour y placer le point d'insertion, faire les modifications puis valider.
- Pour détailler les propriétés d'un élément, sélectionnez-le dans la fenêtre **Projet** puis **Elément - Propriétés**.

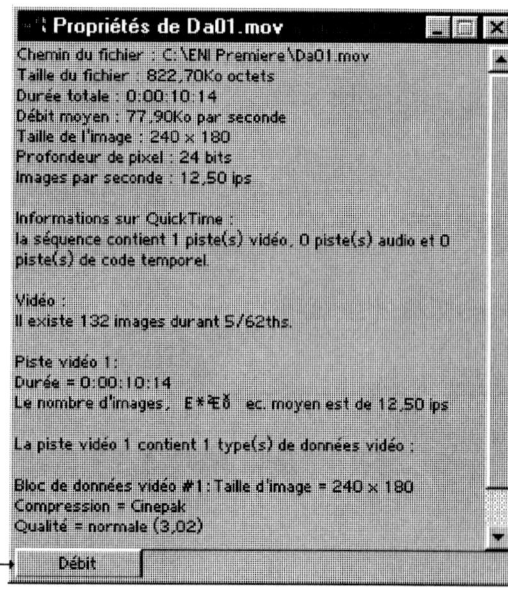

permet d'analyser le flux des données pendant la lecture

⇨ *L'option **Fichier** du menu **Fichier - Propriétés pour** permet d'afficher les propriétés d'un fichier quelconque de votre disque dur.*

⇨ *Le menu contextuel associé à chaque élément de la fenêtre **Projet** permet d'atteindre rapidement chacune des options applicables aux rushes.*

C-Rechercher un élément du projet

- Activez la fenêtre **Projet**.
- **Edition**
  Rechercher — Ctrl **F** (PC) / ⌘ **F** (Mac)

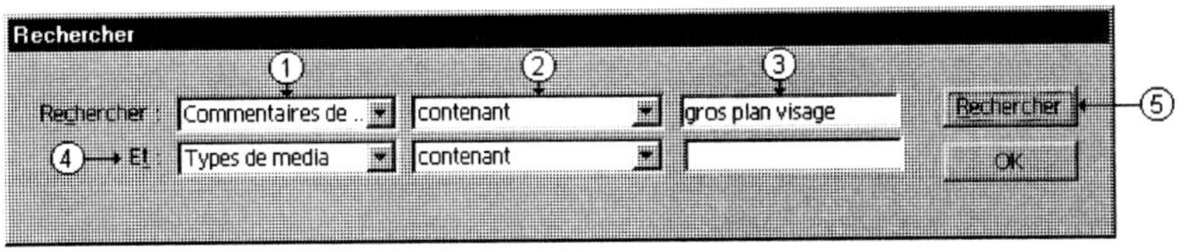

① Sélectionnez la catégorie sur laquelle porte la recherche.

② Choisissez, suivant le cas, **contenant** ou **ne contenant pas**.

③ Tapez la chaîne de caractères recherchée.

④ Spécifiez, si besoin est, un autre critère de recherche.

⑤ Lancez la recherche.

Le premier élément correspondant au(x) critère(s) est sélectionné.

- Cliquez sur **Suivant** pour rechercher l'élément suivant.
- Cliquez sur **OK** pour refermer la boîte de dialogue.

D-Gérer les rushes manquants

Lorsque vous effectuez un montage et qu'un rush est manquant, vous pouvez tout de même poursuivre votre montage en créant un élément factice. Lorsque le rush sera disponible, vous pourrez remplacer l'élément factice par le véritable rush : toutes les modifications apportées à l'élément factice seront reportées automatiquement sur le rush définitif. Premiere nomme cet élément "fichier off line".

Créer un élément factice

- **Fichier - Nouveau - Fichier off-line**

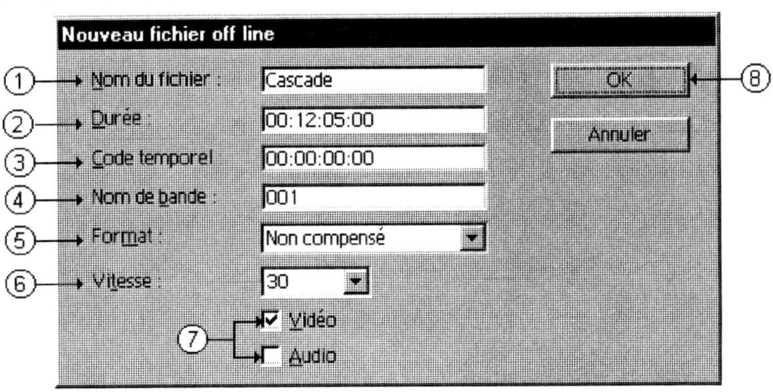

① Précisez le nom de l'élément. Il est recommandé de donner le nom du rush manquant.

② Précisez la durée de l'élément.

③ Précisez, si besoin est, le code temporel correspondant au point d'entrée du rush manquant.

④ Précisez, si besoin est, le nom de la bande vidéo qui contient le rush manquant.

⑤ Indiquez le format temporel de l'élément vidéo source.

⑥ Précisez le nombre d'images par seconde du rush manquant.

⑦ Indiquez si le rush est composé d'une bande vidéo et/ou d'une bande audio.

⑧ Validez.

*L'élément factice apparaît dans la fenêtre Projet, la colonne **Type de media** indique **Fichier off line**.*

Remplacer un élément factice par le rush correspondant

- Faites un double clic sur l'icône de l'élément factice situé dans la fenêtre **Projet**.

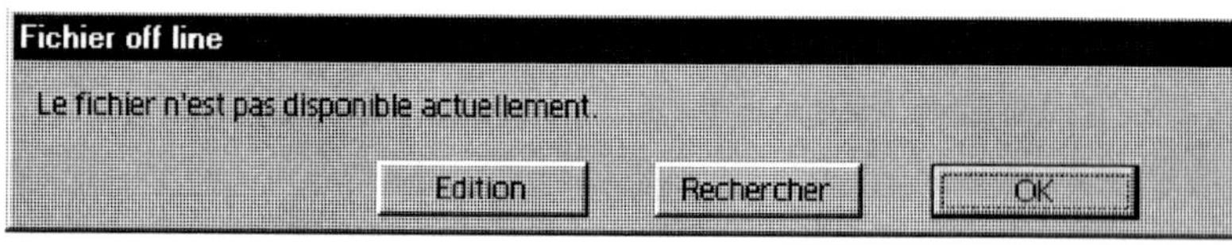

- Cliquez sur le bouton **Rechercher**.
- Accédez au dossier contenant le rush et faites un double clic sur son nom.

  Dans le projet, l'élément est remplacé par le rush correspondant.

E-Visionner les rushes

- Sélectionnez le ou les rushes concernés dans la fenêtre **Projet**. Pour sélectionner plusieurs rushes, utilisez la touche Ctrl (PC) ou entourez-les par un cliqué-glissé.
- **Elément** **Ouvrir l'élément** — Double clic sur l'imagette — Ctrl Shift L (PC) — ⌘ Shift L (Mac)

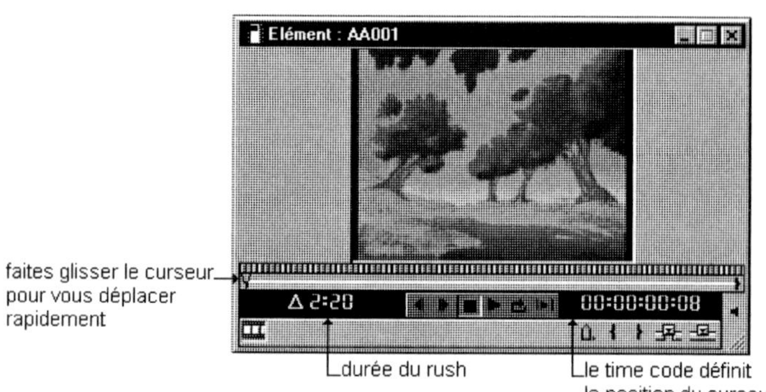

*Si vous travaillez dans l'espace de travail **Montage de piste unique**, vous pouvez faire glisser la vignette ou l'icône de la fenêtre **Projet** dans l'écran source de la fenêtre **Moniteur** (écran de gauche).*

- Pour visionner le rush, utilisez le curseur et les boutons de la barre de commande visibles sous l'écran (cf. 1.3 - La fenêtre Moniteur).
- Utilisez la barre d'espace pour lancer ou stopper la lecture.
- Utilisez les touches de déplacement :

←/→	pour accéder à l'image précédente/suivante
↑	pour revenir au début du rush

- Pour accéder à une image en fonction de son time code, cliquez sur l'affichage du temps, tapez le time code correspondant (il n'est pas nécessaire de taper le caractère deux points) puis validez.
- Pour accéder à une image en fonction de sa position relative, tapez le signe plus (+) ou le signe moins (-) suivi d'un nombre puis validez. Si vous tapez un nombre inférieur à 100, vous avancez (ou reculez) du nombre d'images correspondant ; si le nombre est supérieur ou égal à 100, Premiere interprète le chiffre des centaines comme des secondes (si vous tapez +210 par exemple, vous avancez de 2 secondes et 10 images).

  Si le film défile à 25 images par seconde, la 25ème image correspond à une seconde de plus et Premiere passe, par exemple, du time code 08:24 au time code 09:00.

- Pour retirer un rush de l'écran source la fenêtre **Moniteur**, appuyez sur les touches Ctrl ← (PC), ⌘ ← (Mac).

⇨ *Si vous travaillez dans l'espace de travail **Montage de piste unique**, pour contrôler l'ouverture des rushes dans une fenêtre indépendante, ouvrez la boîte de dialogue **Préférences (Edition - Préférences - Général/Image fixe)**, activez ou désactivez l'option **Ouvrir les séquences dans la fenêtre Elément** puis cliquez sur **OK**.*

F - Préparer les plans

- Placez, si besoin est, le rush concerné dans l'écran source de la fenêtre **Moniteur** ou ouvrez-le dans une fenêtre **Elément**.
- Pour déterminer un point d'entrée, choisissez une image avec le curseur vidéo puis cliquez sur le bouton { ou tapez **I**.

- Pour supprimer un point d'entrée ou de sortie, cliquez sur le bouton { ou } en appuyant sur la touche Alt (PC) ou ⌥ (Mac).

  L'accolade située derrière le curseur de la ligne de temps disparaît.

- Pour déterminer un point de sortie, avancez le rush un peu plus loin et cliquez sur le bouton } ou tapez **o**.

  Les accolades se positionnent sur la ligne de temps.

- Pour accéder au point d'entrée ou de sortie, utilisez :

  Elément — Ctrl ↑ ou Ctrl ↓ (PC)
  Atteindre la marque d'élément — ⌘ ↑ ou ⌘ ↓ (Mac)
  Entrée ou **Sortie** (PC)
  Entrée ou **Vers** (Mac)

- Pour supprimer à la fois le point d'entrée et le point de sortie, appuyez sur la touche **G**.

- Les points d'entrée et de sortie déterminent un plan. Pour nommer le plan, utilisez la commande :

  Edition — Ctrl ⇧Shift : ou ⇧Shift F6 (PC)
  Dupliquer l'élément — ⌘ ⇧Shift : (Mac)

  ou faites glisser le plan de la fenêtre **Elément** ou de l'écran source de la fenêtre **Moniteur** vers la fenêtre **Projet**.

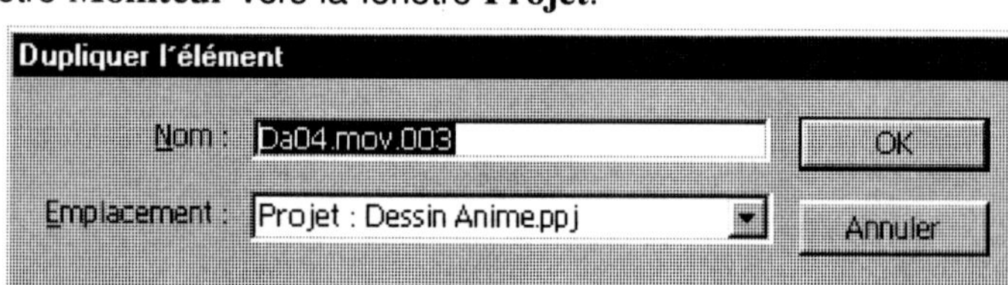

- Remplissez le champ **Nom** et cliquez sur **OK**.

  *Le plan s'affiche dans la fenêtre **Projet**. La première image du plan est visible dans le mini-écran.*

⇨ *Les points d'entrée et de sortie définissent une* ***occurrence*** *de l'élément source. En nommant cette occurrence, vous avez créé un* ***sous-élément*** *associé à l'élément principal sans modifier* ***l'élément principal****. Premiere ne fait que positionner des marqueurs informatiques qui ne dégradent pas l'original. Vous pouvez à tout moment modifier les points d'entrée et de sortie du plan, allonger ou raccourcir le plan : Premiere décale alors ses pointeurs et réajuste le plan.*

⇨ *Chaque élément peut être découpé en plusieurs sous-éléments.*

⇨ *Si vous supprimez un élément principal, toutes ses occurrences sont supprimées.*

PROJET

G-Créer un chutier

- **Fichier** [Ctrl] : (PC)
  Nouveau [⌘] : (Mac)
  Chutier
  ou cliquez sur le bouton [bouton] situé en bas de la fenêtre **Projet**.
- Donnez un nom à votre chutier et cliquez sur **OK**.

  Le chutier apparaît dans la fenêtre ***Projet****.*
- Pour importer des éléments dans un chutier, cliquez sur son icône visible dans la fenêtre **Projet** puis utilisez la commande :

  Fichier [Ctrl] **I** ou [Ctrl][Shift] **I** (PC)
  Importer [⌘] **I** ou [⌘] [Shift] **I** (Mac)
  Fichier ou **Dossier**
- Pour déplacer un élément de la fenêtre **Projet** à l'intérieur d'un chutier, faites glisser l'élément sur l'icône **Chutier**. Si la fenêtre **Chutier** est ouverte, faites glisser l'élément directement dans la fenêtre.
- Pour pouvoir utiliser un chutier dans d'autres projets, sélectionnez-le puis **Projet - Exporter le chutier du projet**. Indiquez le nom et l'emplacement du chutier.
- Pour utiliser un chutier externe, importez-le dans le projet (**Fichier - Importer - Fichier**) ou, si vous souhaitez seulement accéder à son contenu, utilisez la commande **Fichier - Ouvrir**.

⇨ *Un chutier est automatiquement créé lorsque vous importez directement un dossier.*

3.1 Le montage des plans

A-Monter une maquette

Vous pouvez effectuer le montage d'un film vidéo dans la fenêtre **Moniteur** *ou dans la fenêtre* **Montage**. *La méthode utilisée dans la fenêtre* **Moniteur** *reprend exactement la technique du montage analogique à partir de deux magnétoscopes. Les monteurs expérimentés utilisent cette méthode car elle prend les problèmes de raccord un par un dans la continuité filmique. La méthode utilisant la fenêtre* **Montage** *est plus sécurisante pour le monteur débutant mais moins rigoureuse.*

Monter une maquette dans la fenêtre Moniteur

- Si vous êtes dans l'espace de travail **Montage A/B**, développez la fenêtre Moniteur en cliquant sur le bouton .
- Pour monter bout à bout les plans de la fenêtre **Projet**, insérez les rushes dans l'écran source de la fenêtre **Moniteur**.
- Vérifiez que le time code de l'écran **Programme** est bien à 0, vérifiez que la piste cible est bien celle que vous désirez.

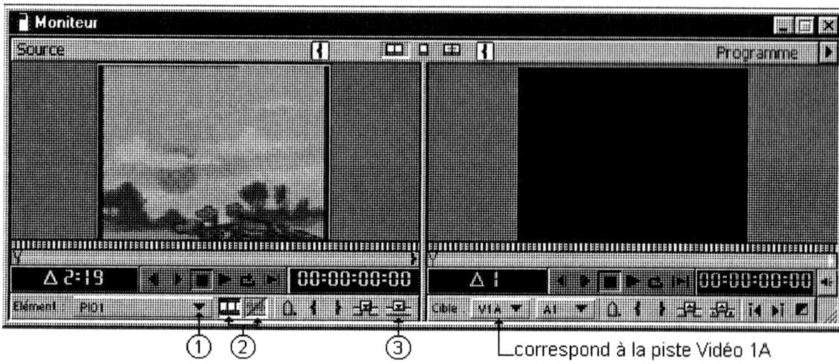

① Sélectionnez le premier plan à insérer.

② Si l'élément contient vidéo et audio, cliquez sur les icônes correspondantes si vous ne souhaitez pas insérer la vidéo ou l'audio.

③ Cliquez sur le bouton **Incruster**.

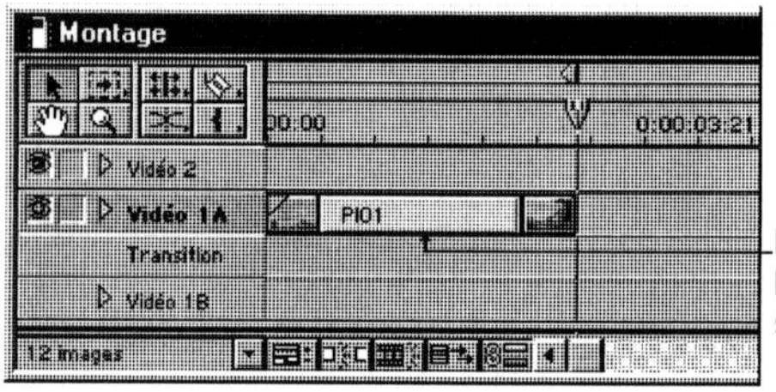

Répétez l'opération pour tous les plans du film selon l'ordre choisi.

⇨ *Vous pouvez aussi utiliser la technique du montage 3 points et 4 points.*

Monter une maquette dans la fenêtre Montage

Faites glisser chaque imagette de la fenêtre **Projet** jusqu'à la piste **Vidéo 1A** de la fenêtre **Montage** selon l'ordre des plans prévu.

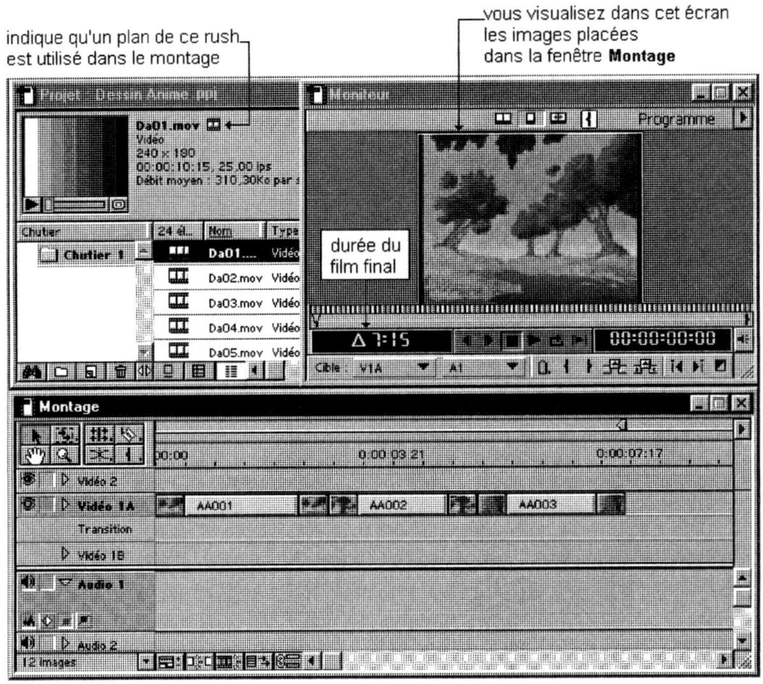

B-Utiliser les méthodes de montage 3 points et 4 points

*Ces méthodes ne concernent que le montage dans la fenêtre **Moniteur**.*

Le montage 3 points

Le principe de la méthode de montage 3 points est de déterminer trois points de montage, en général :

- le point d'entrée sur le rush,
- le point d'entrée sur la vidéo finale en spécifiant la piste cible (écran de droite de la fenêtre **Moniteur**),
- le point de sortie, le plus souvent situé sur le rush.

Cliquez sur les icônes 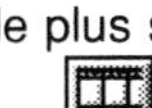 ou  si vous ne voulez pas insérer vidéo ou son.

Premiere détermine automatiquement le quatrième point par calcul.

- Insérez le plan dans le montage en utilisant les outils ou .

Le montage 4 points

- Le montage 4 points utilise une méthode semblable :
  - placez les points d'entrée et de sortie sur le rush,
  - placez les points d'entrée et de sortie sur la vidéo finale (écran de droite de la fenêtre **Moniteur**),
  - sélectionnez la piste cible sur laquelle le plan doit être monté,
  - choisissez d'insérer uniquement l'audio ou uniquement la vidéo en cliquant sur l'icône ou .
- Cliquez sur le bouton ou . Si la longueur du plan source est différente de l'espace disponible, une boîte de dialogue apparaît :

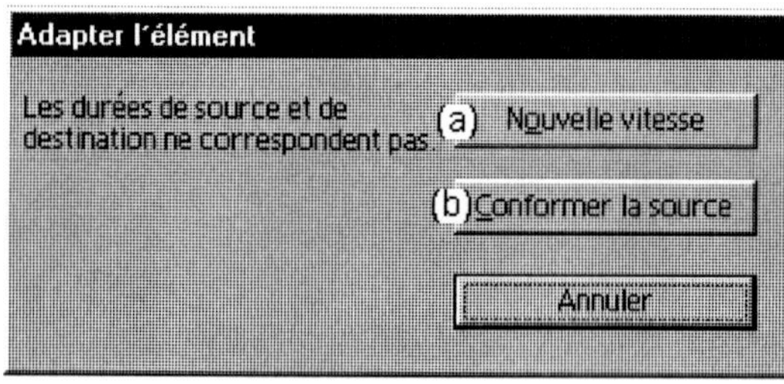

- Choisissez l'option :

(a) pour obliger Premiere à modifier la vitesse de défilement du plan source pour l'ajuster à l'espace disponible sur la vidéo finale. Les points d'entrée et de sortie ne changent pas mais, selon le cas, le plan est ralenti ou accéléré.

(b) pour ajuster le point de sortie du plan source pour que la durée du plan corresponde à l'espace disponible.

C-Monter un storyboard bout à bout

*Un **storyboard** permet de visualiser rapidement l'ensemble du film. Cette méthode de montage n'a d'intérêt que si vos rushes sont déjà calibrés.*

- **Fichier** — Ctrl Alt Shift **N**(PC)
  Nouveau — ⌘ ⌥ **N**(Mac)
  Storyboard
- Faites glisser les plans dans la fenêtre **Storyboard**.
- Dans la fenêtre **Storyboard**, faites glisser les plans afin de les placer dans l'ordre correspondant à votre plan de montage.

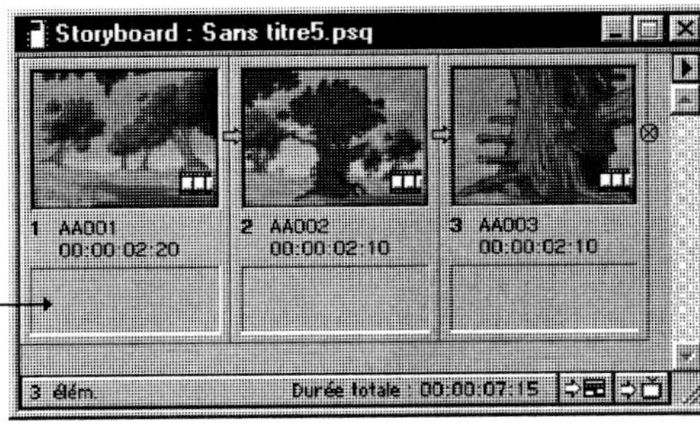

- Pour visionner le storyboard, cliquez sur le bouton [bouton]. Cliquez sur le bouton **OK** de la boîte de dialogue **Exportation vidéo**.

  Vous visionnez la séquence en plein écran.

- Pour insérer la séquence dans le projet, dans la fenêtre **Storyboard**, sélectionnez les éléments à insérer si vous ne souhaitez pas intégrer la totalité des éléments présents dans la fenêtre.
- Dans la fenêtre **Montage**, placez la tête de lecture à l'endroit où vous souhaitez insérer la séquence.
- Cliquez sur le bouton [bouton].

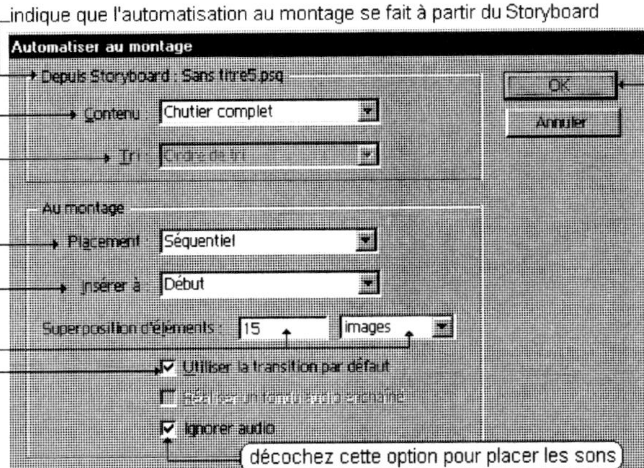

① Indiquez quels éléments doivent être insérés :

Chutier complet	pour insérer tous les éléments de la fenêtre Storyboard,
Eléments sélectionnés	pour insérer les éléments sélectionnés auparavant.

② Sélectionnez l'option **Séquentiel**.

③ Précisez à quel endroit du film vous souhaitez insérer votre storyboard : au **Début**, à la **Fin** ou au **Point de montage** actuel.

④ Modifiez, si besoin, le nombre d'images (ou le temps en secondes) qui seront superposées entre les différents plans. Il est en effet recommandé de faire chevaucher les plans.

⑤ Cochez cette option pour que Premiere place la transition définie par défaut entre les plans superposés.

⑥ Validez.

Les éléments sont placés dans la fenêtre **Montage** *les uns à la suite des autres, sur une ou plusieurs pistes en fonction de l'espace de travail dans lequel vous vous trouvez. Dans la zone* **Chutier** *de la fenêtre* **Projet**, *apparaît un dossier* **Storyboard** *contenant les éléments que vous avez insérés dans la fenêtre* **Storyboard**.

- Enregistrez la séquence à l'aide de la commande **Fichier - Enregistrer**.
- Pour visionner cette séquence en dehors de Premiere, vous devez l'exporter (cf. 5.2 - A).

⇨ *Sur PC, les fichiers séquence portent l'extension psq.*

⇨ *Vous pouvez aussi utiliser la fonction* **Automatiser au montage** *à partir d'un chutier de la fenêtre* **Projet (Projet - Automatiser au montage)**.

⇨ *Lorsque vous insérez des éléments par la fonction* **Automatiser au montage**, *vous pouvez les placer à des marques de montage non numérotées : dans le champ* **Placement**, *sélectionnez* **Aux marques non numérotées**. *Dans le champ* **Matériel insuffisant**, *indiquez alors si Premiere doit adapter l'élément à insérer ou laisser un espace vide dans le cas où l'élément est plus court que l'espace disponible.*

D-Lire le film à partir de la fenêtre Montage

Lancer/stopper la lecture

- Cliquez dans la ligne de temps et faites glisser la souris de gauche à droite.

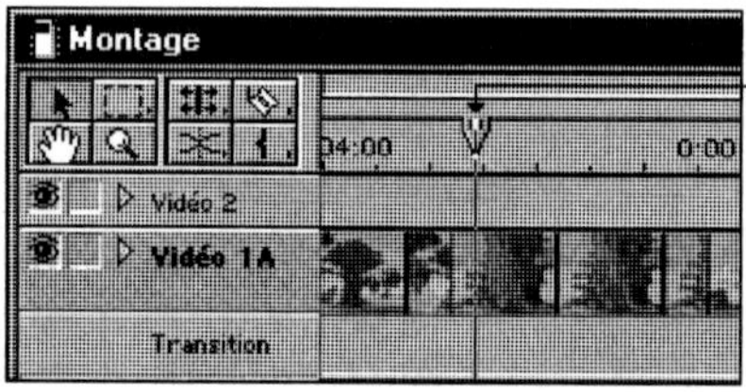

la tête de lecture indique la position de l'image visible dans l'écran de droite de la fenêtre Moniteur

- Pour que la lecture soit plus régulière et plus fluide et pour visualiser les éventuels effets, appuyez en même temps sur la touche [Alt] ([⌥] sur Mac). Si le film contient du son, celui-ci n'est pas restitué.
- Pour lire le film à partir de la position de la tête de lecture, utilisez la barre d'espace du clavier qui bascule en lecture/pause.
- Utilisez les touches suivantes en veillant auparavant à ce qu'aucun élément ne soit sélectionné dans la fenêtre **Montage** :

[←]/[→]	pour faire défiler image par image
[↖]/[Fin]	pour accéder au début/à la fin du film
[Pg Up]/[Pg Dn]	pour déplacer la tête de lecture de 2 plans en 2 plans vers la gauche/la droite (de plan en plan sur Mac).

⇨ *La position de la tête de lecture détermine le point de montage.*

⇨ *La tête de lecture est magnétisée : elle attire les éléments que vous approchez d'elle, ce qui permet de positionner un élément avec précision.*

Exploiter la zone de travail

La zone de travail délimite une zone au-dessus de la ligne de temps qui marque l'espace film dans lequel le monteur agit. Il est nécessaire de déplacer ou de calibrer cette zone au fur et à mesure de l'avancement du montage.

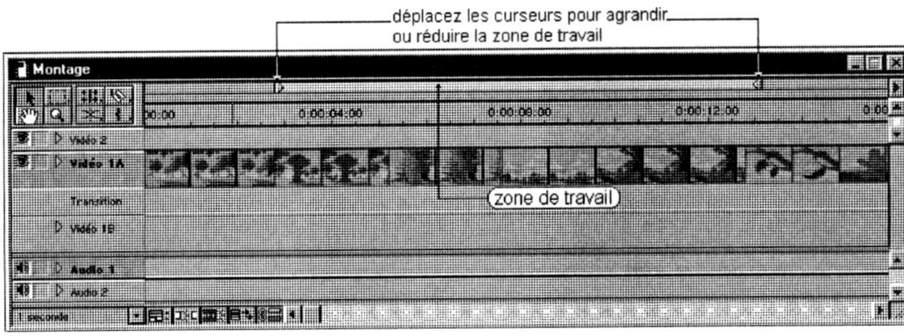

- Pour déplacer la zone de travail, cliquez au centre de la zone puis déplacez-la à l'endroit désiré en effectuant un cliqué-glissé.
- Pour que la zone de travail soit délimitée automatiquement en fonction de la largeur de la fenêtre **Montage**, sélectionnez l'outil [flèche] puis double cliquez dans la zone de travail.
- Pour que la zone de travail recouvre la totalité du film, sélectionnez l'outil [flèche] puis faites [Alt] clic (PC) ou [⌥] clic (Mac) dans la zone de travail.
- Pour définir vous-même le point de début et le point de fin de la zone de travail, cliquez dans la zone de travail à l'endroit désiré en appuyant sur les touches [Ctrl][⇧Shift] ([⌘][⇧Shift] sur Mac) pour placer un point de début puis cliquez un peu plus loin en appuyant sur [Ctrl][Alt] ([⌘] [⌥] sur Mac) pour placer un point de fin.
- Pour placer le début ou la fin de la zone de travail à l'emplacement de la tête de lecture, appuyez sur les touches [Alt] ^ ([⌥] ^ sur Mac) pour placer le début et sur [Alt] $ ([⌥] $ sur Mac) pour placer la fin.

Prévisualiser le film

Pour visualiser le rendu final du film selon la vitesse prévue et avec tous les effets, vous devez prévisualiser le film. Cette prévisualisation peut se faire en mémoire RAM (lecture en temps réel) ou engendrer la création de fichiers de prévisualisation sur le disque dur. La lecture en temps réel est disponible si vous avez coché l'option ***Prévisualisation Depuis la mémoire vive*** *de la boîte de dialogue* ***Réglages du projet (Projet - Réglages du projet - Image clé et rendu)****. Seule la partie correspondant à la zone de travail est visualisée.*

- Adaptez, si besoin, la zone de travail à la zone à visualiser.
- **Montage - Prévisualiser** ou [Entrée]
- Si votre zone de travail est très importante ou si les images sont complexes à cause des effets, une boîte de dialogue apparaît :

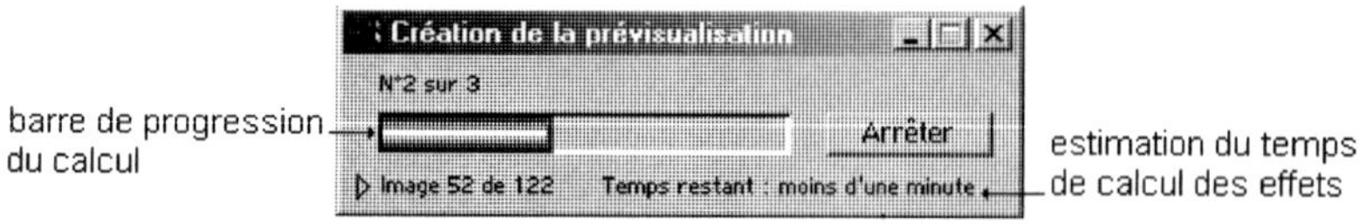

- Le film défile dans l'écran de droite de la fenêtre **Moniteur**. Pour stopper la lecture avant la fin, tapez [Echap] ou [Espace]. Sinon, le film s'arrête à la fin de la zone de travail.

⇨ *Si le résultat de la prévisualisation n'est pas correct, en particulier si son et images apparaissent désynchronisés lorsque vous prévisualisez le film, alors que ce n'est pas le cas lorsque vous faites une lecture simple du film (par la touche [Espace]), il est possible que la mémoire RAM soit saturée. Si cela vous arrive, activez l'option **Prévisualisation Depuis le disque** de la boîte de dialogue **Réglages du projet (Projet - Réglages du projet - Image clé et rendu)**.*

⇨ *Si l'option **Prévisualisation Depuis le disque** est cochée, Premiere crée des fichiers de prévisualisation qu'il range, par défaut, dans le dossier nommé **Fichiers de prévisualisation Adobe Premiere** situé dans le dossier du projet. Vous pouvez cependant choisir un autre dossier (cf. 1.1 - E).*

E-Ajuster un plan

Pour améliorer les raccords entre les plans, vous allez être amené à ajuster les plans, c'est-à-dire à redéfinir les points d'entrée et de sortie.

Visualiser en temps réel les modifications de montage

- Pour visualiser directement dans l'écran final (écran de droite) de la fenêtre **Moniteur**, les modifications de points d'entrée et de points de sortie effectuées dans la fenêtre **Montage**, ouvrez le menu associé à la fenêtre **Montage**, et cochez l'option **Afficher les extrêmes** ou cliquez sur le bouton situé en bas de la fenêtre **Montage**.

Ajuster un plan dans la fenêtre Moniteur ou Elément

- Sélectionnez le plan à ajuster dans la fenêtre **Montage** ou **Projet**.
- **Elément**   double clic sur le plan   [Ctrl] [⇧ Shift] **L** (PC)
  Ouvrir l'élément   [⌘] [⇧ Shift] **L** (Mac)

  *Le plan se positionne dans une fenêtre **Elément** ou dans l'écran source de la fenêtre **Moniteur**, suivant l'espace de travail choisi.*

la durée du plan se met à jour après la modification des points d'entrée ou de sortie

reporte les modifications dans la fenêtre Montage

utilisez ces boutons pour placer les nouveaux points d'entrée ou de sortie

- Déplacez-vous dans le plan pour redéfinir un nouveau point d'entrée et/ou de sortie.
- Pour reporter votre modification dans la fenêtre **Montage**, cliquez sur le bouton **Appliquer**.

Ajuster un plan dans la fenêtre Montage

- Repérez le début ou la fin du plan que vous voulez modifier. Pour faciliter ce repérage, modifiez, si besoin est, le calibrage de la ligne de temps.
- Dans la fenêtre **Montage**, sélectionnez l'outil si vous voulez redéfinir le point d'entrée ou l'outil si vous voulez redéfinir le point de sortie.

  Lorsque le pointeur se trouve sur le plan, il prend la forme de l'outil sélectionné.
- Cliquez sur le plan au time code qui correspond au nouveau point d'entrée ou de sortie du plan.

  Ce geste réduit le plan et crée donc un trou dans la continuité filmique.
- Pour modifier le point d'entrée ou de sortie d'un plan, vous pouvez aussi sélectionner l'outil puis faire glisser le bord gauche ou droit du plan vers la droite ou vers la gauche, selon que vous désiriez réduire ou augmenter la durée du plan (le pointeur prend la forme ou suivant qu'il se trouve au début ou à la fin du plan).

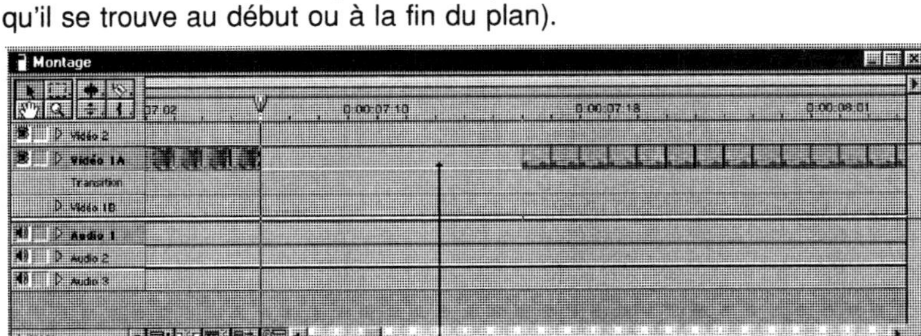

la réduction du plan situé à gauche crée un trou dans la continuité filmique

⇨ *Si vous utilisez cette technique pour augmenter la durée d'un plan, il faut qu'un espace vide soit disponible sur la droite ou sur la gauche du plan et que les images correspondantes existent dans le rush d'origine.*

F- Sélectionner des éléments dans la fenêtre Montage

- Pour sélectionner un seul élément, utilisez l'outil **Sélection**.
- Pour sélectionner plusieurs éléments, sélectionnez l'outil **Sélection de blocs** puis, par un cliqué-glissé, tracez un rectangle fictif qui encadre les éléments à sélectionner.
- Pour compléter (ou réduire) la sélection, appuyez sur [⇧ Shift] et cliquez sur chaque élément à ajouter à (ou à retirer de) la sélection.
- Pour sélectionner plusieurs éléments d'une même piste, sélectionnez l'outil **Sélection de piste**, puis cliquez sur le premier des éléments à sélectionner.

  Cet élément et tous les éléments de la piste situés à droite sont sélectionnés.
- Pour sélectionner tous les éléments situés à droite d'un élément dans toutes les pistes, utilisez l'outil **Sélection de multipiste**.

  Dans toutes les pistes, cet élément et ceux qui sont situés à droite sont sélectionnés.

⇨ *Attention, lorsque vous utilisez l'outil* ***Sélection de piste****, les liens entre audio et vidéo sont rompus (si vous déplacez une des deux bandes, vous perdez la synchronisation).*

⇨ *L'outil* ***Sélection de blocs*** *permet de sélectionner les éléments situés sur toutes les pistes ; il est utilisé pour la copie de blocs d'éléments ou la création d'éléments virtuels (cf. 3.1 - V).*

G-Rapprocher des plans dans la fenêtre Montage

- Dans la palette d'outils de la fenêtre **Montage**, sélectionnez l'outil **Sélection de piste**.
- Cliquez sur le premier des plans à rapprocher.

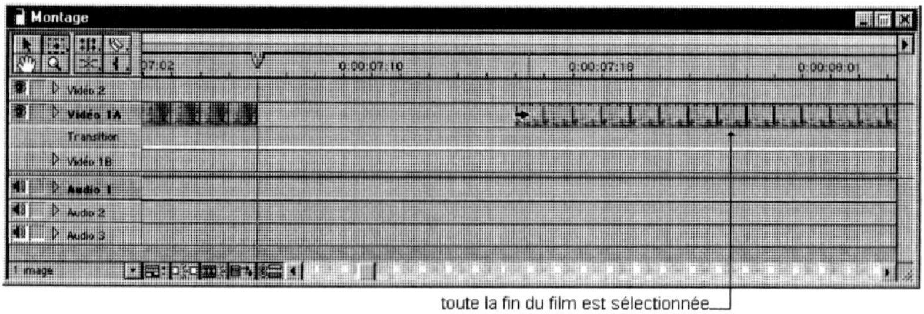

toute la fin du film est sélectionnée

- Si une piste audio est associée à ces éléments, appuyez sur [⇧ Shift] et cliquez sur la piste audio correspondante afin de la sélectionner.
- Faites glisser la sélection vers la gauche afin de positionner la première image du morceau sélectionné à la fin du plan précédent.

  *La durée totale du film, visible sous l'écran final de la fenêtre **Moniteur** est raccourcie.*
- Cliquez sur l'outil [↖] pour annuler la sélection en cours.

⇨ *Si l'option **Magnétisme** du menu de la fenêtre **Montage** est active, les éléments sont attirés par les autres éléments, les marques ou le point de montage lorsque vous les faites glisser dans la fenêtre **Montage**.*

⇨ *Pour rapprocher deux plans, vous pouvez aussi sélectionner la zone vide située entre les deux plans puis faire **Montage - Supprimer l'ondulation** ou dans le menu contextuel, cliquer sur **Supprimer et raccorder** (PC), **Supprimer l'ondulation** (Mac).*

H-Couper un plan

Dans la fenêtre Moniteur

- Dans l'écran final de la fenêtre **Moniteur**, repérez l'image à partir de laquelle vous souhaitez couper le plan.
- Cliquez sur l'outil [{] visible sous l'écran final de la fenêtre **Moniteur**.
- Faites défiler lentement le film jusqu'à la première image du plan située après la zone à couper.
- Positionnez le point de sortie en cliquant sur l'outil [}] visible sous l'écran final de la fenêtre **Moniteur**.

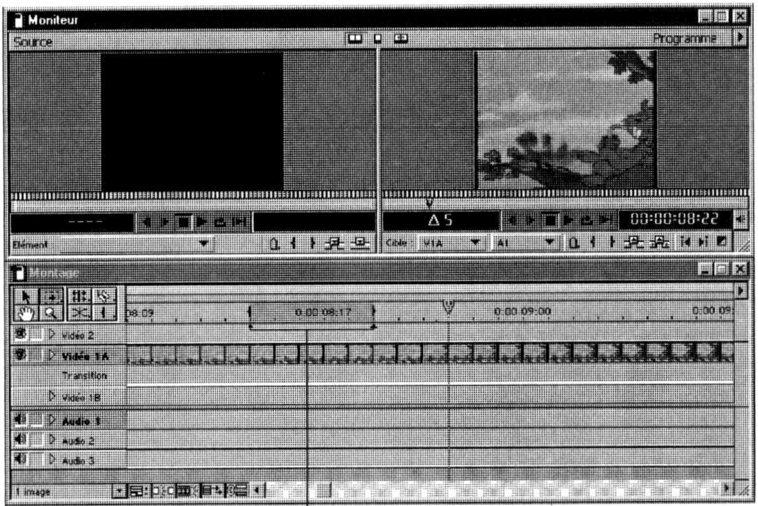

les accolades correspondent aux points d'entrée et de sortie placés dans l'écran de droite de la fenêtre Moniteur

- Veillez à ce que la piste **Cible** visible dans l'écran final corresponde bien à la piste contenant le plan à couper.
- Pour supprimer les images situées entre le point d'entrée et le point de sortie tout en laissant une zone vide, cliquez sur l'outil **Prélever** de la fenêtre **Moniteur**. Pour supprimer les images et raccorder le plan suivant, cliquez sur l'outil **Extraire**.

  Les deux parties du film se rapprochent. Les time code sont renumérotés. Après la coupe, vous obtenez deux plans distincts.

⇨ *Si le plan possède une piste audio, le segment correspondant de la bande audio est aussi prélevé et extrait.*

Dans la fenêtre Montage

- Calibrez la ligne de temps à **1 image**.
- Positionnez la tête de lecture au time code correspondant à la première image à couper.
- Sélectionnez l'outil **Cutter** puis cliquez sur la première et sur la dernière image à couper.

  Un seul clic est nécessaire lorsque vous voulez couper un début ou une fin de plan.
- Avec l'outil sélectionnez le segment que vous venez de couper.
- Pour supprimer l'élément sélectionné et laisser la zone correspondante vide, tapez Suppr. Pour supprimer cet élément tout en rapprochant le plan suivant, utilisez la commande **Montage - Supprimer l'ondulation**.
- Pour appliquer ensuite à ce segment un effet spécifique, déplacez-le sur une autre piste.

⇨ *Pour couper les éléments situés sur les différentes pistes, vous pouvez utiliser l'outil **Multicutter** ou positionner la tête de lecture à l'endroit adéquat puis utiliser la commande **Montage - Couper au point de montage**. Si certains éléments ne doivent pas être coupés, verrouillez auparavant les pistes correspondantes.*

I- Supprimer un plan de la fenêtre Montage

- Pour supprimer complètement un ou plusieurs plan(s) et laisser l'espace correspondant vide, sélectionnez-le(s) et appuyez sur la touche Suppr.
- Pour supprimer un ou plusieurs plan(s) sans laisser de trou, sélectionnez le(s) plan(s) puis exécutez la commande **Montage - Supprimer l'ondulation** ou dans le menu contextuel, choisissez la commande **Supprimer et raccorder** (PC), **Supprimer l'ondulation** (Mac).

⇨ *Si le plan contient une bande audio, préférez la méthode qui consiste à placer un point d'entrée au début du plan, un point de sortie à la fin du plan puis à utiliser les outils ou de la fenêtre **Moniteur**.*

J- Insérer un plan entre des plans existants

Dans la fenêtre Montage

- Dans la fenêtre **Projet**, cliquez sur l'icône du plan à insérer.

  Le pointeur de la souris prend la forme d'une main.
- Faites glisser l'imagette dans la fenêtre **Montage** à l'endroit où vous souhaitez insérer le plan (le pointeur prend la forme d'une main fermée).

  Le plan inséré repousse les autres et se met en place. La durée du film est allongée de la durée du plan inséré.

Par l'intermédiaire de la fenêtre Moniteur

- Accédez au time code où vous souhaitez insérer le plan en affichant l'image correspondante dans l'écran final de la fenêtre **Moniteur**.
- Placez le plan désiré dans l'écran source en le faisant glisser à partir de la fenêtre **Projet**.
- Vérifiez dans le champ **Cible** que vous travaillez sur la bonne piste.

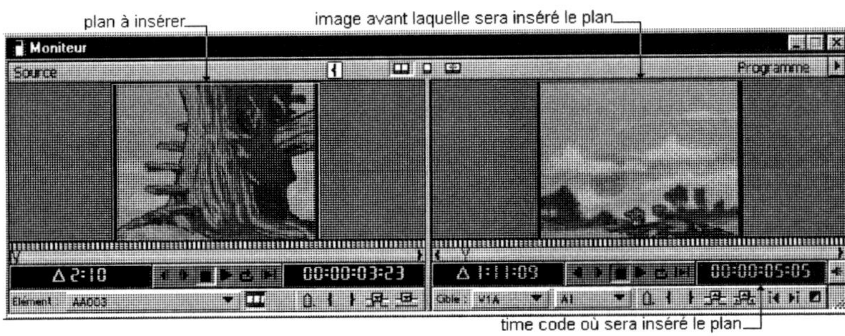

- **Elément**
  Insérer au point de montage — Ctrl Shift , (PC) — Shift ⌘ , (Mac)

  Le plan s'insère aussitôt dans le final, vous le voyez dans la fenêtre ***Montage*** *; la durée totale du film est allongée.*

⇨ *Le bouton permet d'insérer un plan en recouvrant les images existantes (cf. 3.1 - M).*

K-Copier/déplacer un plan dans un espace délimité

- Préparez le plan que vous allez insérer et faites-le glisser n'importe où dans la fenêtre **Montage**.
- Pour copier le plan, faites **Edition - Copier**. Pour déplacer le plan, faites **Edition - Couper**.
- Sélectionnez l'emplacement cible.
- **Edition**
  Coller les attributs — Ctrl Alt V (PC) — ⌘ ⌥ V (Mac)

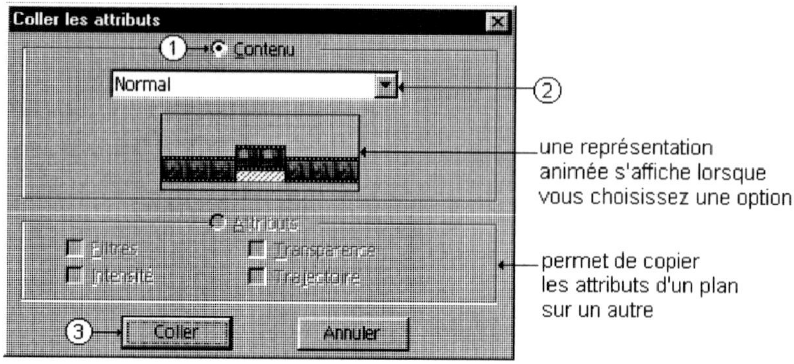

① Vérifiez que cette option est active.

② Indiquez comment Premiere doit intégrer le plan sélectionné dans l'espace disponible. Suivant le résultat souhaité, choisissez :

Normal	
Ajuster la sortie de la source	Le point de sortie de l'élément inséré est déplacé afin d'ajuster la durée de l'élément à l'espace disponible.
Ajuster l'entrée de la description	Le point d'entrée de l'élément suivant est déplacé afin de permettre l'insertion de l'élément sans modification de sa durée.
Ajuster l'entrée de la source	Le point d'entrée de l'élément inséré est déplacé afin d'ajuster la durée de l'élément à l'espace disponible.
Ajuster la sortie de la destination	Le point de sortie de l'élément précédent est déplacé afin de permettre l'insertion de l'élément sans modification de sa durée.
Ajuster la vitesse	La vitesse de l'élément inséré est modifiée afin d'ajuster sa durée à l'espace disponible.
Décaler les pistes liées	Les éléments suivants sont décalés pour permettre l'insertion de l'élément sans modification de sa durée.
Décaler toutes les pistes	Tous les éléments suivants de toutes les pistes sont décalés pour permettre l'insertion de l'élément sans modification de sa durée.

③ Insérez le plan.

▒ Supprimez, si besoin est, le plan d'origine.

⇨ *La commande* ***Edition - Coller à la taille*** *produit le même résultat que les deux premières options de la boîte de dialogue* ***Coller les attributs****.*

⇨ *Vous pouvez réorganiser des plans affichés dans la fenêtre* ***Montage****, à l'aide de la fonction Couper/coller. Si vous collez simplement un plan, celui-ci est inséré au point de montage et sa durée s'ajoute à la durée totale de la vidéo.*

L- Déplacer un plan dans la fenêtre Montage en l'insérant entre des plans existants

- Dans la fenêtre **Montage**, cliquez sur le plan à déplacer.

  Sous le pointeur de la souris un rectangle pointillé indique que vous "tenez le plan entre vos mains".

- Faites glisser le plan à l'endroit souhaité. Pour l'insérer entre deux plans adjacents, placez le pointeur à cheval sur les deux plans et lâchez la souris lorsque la couleur du plan situé à droite change.

  Les plans situés après l'insertion se décalent et un trou reste ouvert à l'endroit où était précédemment positionné le plan déplacé.

M-Insérer un plan en recouvrant les images existantes

- Dans l'écran final de la fenêtre **Moniteur**, accédez au time code où vous souhaitez insérer le plan.
- Placez le plan que vous désirez insérer dans l'écran source puis insérez-y un point d'entrée et un point de sortie si seul un segment du plan doit être inséré.
- **Elément**
  Recouvrir au point de montage  Ctrl ⇧Shift . (PC) ⇧Shift ⌘ . (Mac)

  Le plan s'insère à l'endroit choisi en écrasant les images existantes.

N-Décaler un raccord dans la fenêtre Montage

- Dans la fenêtre **Montage**, repérez l'endroit où vous désirez mettre un nouveau point de sortie et placez-y la tête de lecture.
- Dans la palette des outils de la fenêtre **Montage**, sélectionnez l'outil :

   si la durée totale de la vidéo ne doit pas être modifiée (le plan adjacent sera donc raccourci ou agrandi)

   si la durée totale de la vidéo peut être modifiée (le plan adjacent n'est pas modifié).

- Faites glisser le bord droit du plan vers la droite ou vers la gauche selon que vous voulez augmenter ou réduire la longueur du plan.

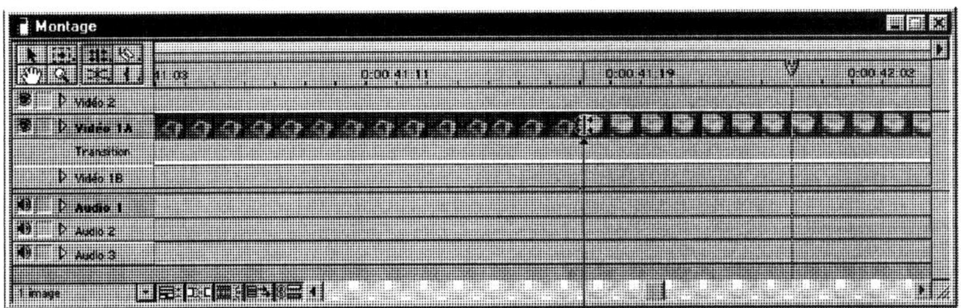

la forme du pointeur rappelle l'outil sélectionné

⇨ *Si vous avez coché l'option* ***Afficher les extrêmes*** *dans le menu de la fenêtre* ***Montage****, vous pouvez voir votre modification apparaître dans l'écran final de la fenêtre* ***Moniteur****.*

⇨ *Pour pouvoir augmenter la longueur d'un plan, il faut bien sûr que les images soient disponibles dans le rush d'origine.*

⇨ *Lorsque vous réduisez un plan avec l'outil , le plan situé à droite est augmenté ; s'il n'y a plus suffisamment d'images disponibles sur le rush d'origine, vous verrez apparaître un trou sur la piste.*

⇨ *Vous pouvez aussi modifier un raccord dans la fenêtre* ***Moniteur*** *à l'aide du mode Raccord (cf. 3.1 - Q).*

O-Décaler les points d'entrée et de sortie d'un plan

Cette technique permet de changer les points d'entrée et de sortie d'un plan sans modifier les points des plans adjacents. Il est ainsi aisé de retoucher un point de montage sans faire varier la durée du plan. Premiere nomme cette manipulation une "modification déplacée dessous".

- Dans la palette d'outils de la fenêtre **Montage**, sélectionnez l'outil .
- Placez le pointeur sur le plan que vous voulez modifier. Faites-le glisser vers la gauche pour décaler vers la gauche le point d'entrée et de sortie ; faites-le glisser vers la droite pour décaler le point d'entrée et de sortie vers la droite. C'est ainsi un autre segment du plan qui est intégré dans la vidéo finale.

  Lors du cliqué-glissé, Premiere affiche quatre images dans la fenêtre ***Moniteur*** *qui correspondent de gauche à droite : au point de sortie du plan précédent, au point d'entrée du plan déplacé, au point de sortie du plan déplacé et au point d'entrée du plan suivant.*

  Lorsque vous relâchez la souris, Premiere met à jour le point d'entrée et le point de sortie du plan, sans modifier la durée de ce dernier ni celle de la vidéo ; le résultat apparaît dans la fenêtre ***Moniteur****. Il est bien sûr nécessaire d'avoir des images en réserve sur le rush d'origine dans lequel Premiere va déplacer les pointeurs préalablement posés.*

P-Décaler un plan sur une piste en modifiant les plans adjacents

Cette technique vous permet de modifier un raccord en conservant l'intégralité du plan que vous venez de placer et en modifiant les entrées et les sorties des plans adjacents. Premiere nomme cette manipulation une "modification déplacée dessus".

- Dans la palette d'outils de la fenêtre **Montage**, sélectionnez l'outil .
- Placez le pointeur sur le plan concerné et faites-le glisser vers la gauche pour avancer le point de sortie du plan précédent et le point d'entrée du plan suivant ou faites-le glisser vers la droite pour reculer le point de sortie du plan précédent et le point d'entrée du plan suivant.

Lors d'un déplacement du plan vers la gauche, les dernières images du plan précédent sont retirées du montage et de nouvelles images sont insérées au début du plan suivant afin que la durée totale de la vidéo ne soit pas modifiée.
Lorsque vous relâchez la souris, Premiere met à jour le point d'entrée et le point de sortie des plans adjacents, sans modifier la durée du plan ni celle de la vidéo finale. Le résultat apparaît dans la fenêtre **Moniteur** *; dans la fenêtre* **Montage**, *la position du plan a changé.*

Q-Utiliser le mode Raccord

Il permet de visualiser image par image une coupe entre deux plans.

Activer le mode Raccord

- Cliquez sur le bouton de la fenêtre **Moniteur** ou utilisez le raccourci-clavier Ctrl T (PC), ⌘ T (Mac).

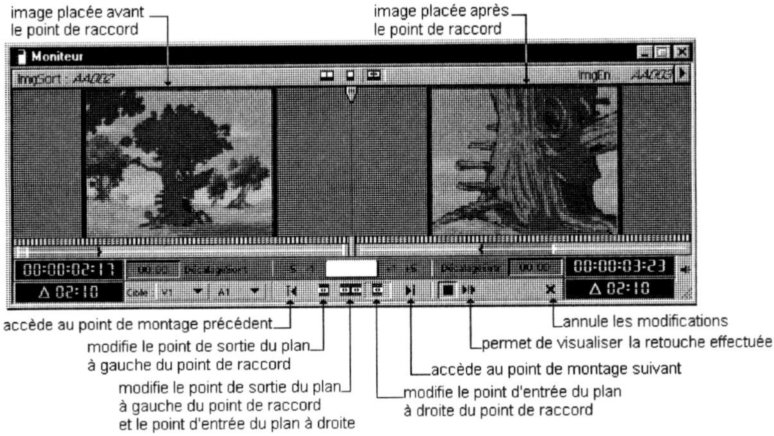

⇨ *L'utilisation du mode Raccord ne peut se faire qu'au moment d'un raccord "cut", c'est-à-dire du raccord de base : les plans doivent être situés sur la même piste.*

Paramétrer le mode Raccord

- **Fenêtre**
  Options de fenêtre
  Options de la fenêtre Moniteur
  Clic droit (ou Ctrl clic sous Mac) sur la barre de titre de la fenêtre **Moniteur**

ou ouvrez le menu associé à la fenêtre **Moniteur** et cliquez sur **Options de la fenêtre Moniteur**.

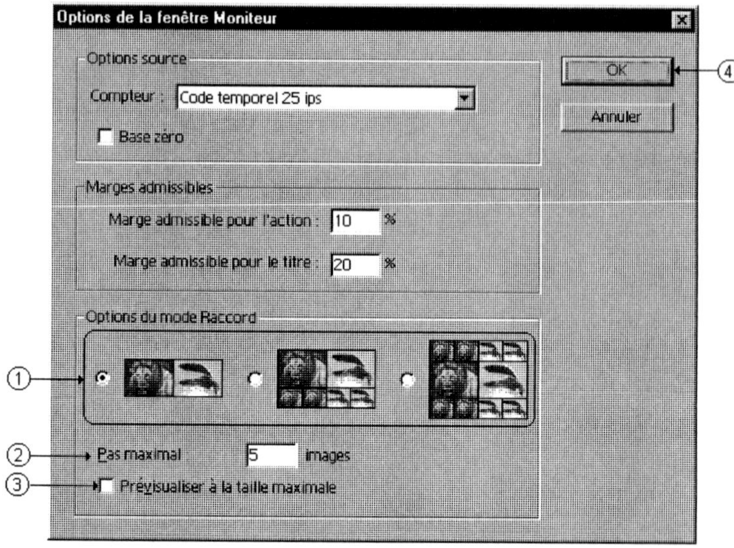

① Indiquez quelles images doivent apparaître dans les écrans de la fenêtre **Moniteur**.
② Spécifiez le nombre d'images à raccorder lorsque vous utilisez les boutons de raccord de plusieurs images.
③ Cochez cette case pour visionner le raccord à la taille optimum dans la fenêtre **Moniteur**.
④ Validez.

⇨ *Les nouveaux paramètres ne sont visibles dans la fenêtre **Moniteur** que si le mode Raccord est actif.*

Monter en mode Raccord

*Le mode Raccord de la fenêtre **Moniteur** permet de raccorder les plans avec une grande précision ; cette opération déplace le point d'entrée ou de sortie d'un plan en insérant ou en supprimant des images au début ou à la fin du plan. Cette modification peut se faire sans modifier la durée totale de la vidéo (nommée "modification compensée" car le plan adjacent est modifié pour compenser l'ajout ou la suppression d'images afin que la durée totale de la vidéo ne soit pas modifiée) ou, au contraire, en modifiant la durée totale de la vidéo (nommée "modification décalée").*

- Activez, si besoin, le mode Raccord.
- Placez sur la même piste les deux plans concernés par le raccord.
- Pour trouver le point de raccord, cliquez sur le bouton  ou .
  *La tête de lecture se déplace sur chaque point de montage. Seuls les points de montage situés sur les pistes **Vidéo, Audio 1, Audio 2** sont atteints.*

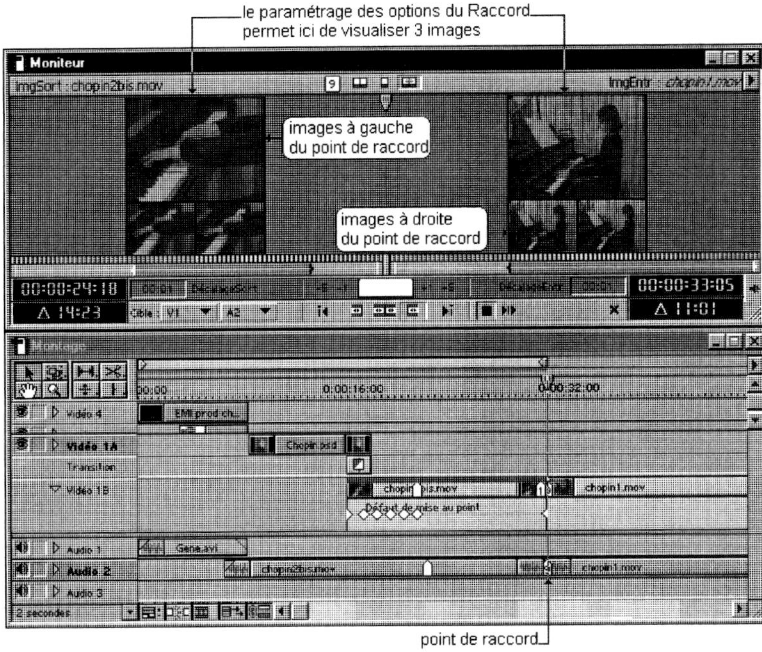

- Pour observer attentivement votre raccord, cliquez sur le bouton .
- Pour effectuer une modification décalée, cliquez sur l'écran de gauche ou sur le bouton pour modifier le point de sortie du premier plan, cliquez sur l'écran de droite ou sur le bouton pour modifier le point d'entrée du second plan. Pour effectuer une modification compensée, cliquez entre les deux écrans ou sur le bouton .

  Le time code du (ou des) plan(s) actif(s) apparaît en vert. Lorsque le pointeur se trouve entre les deux écrans, il prend l'aspect de l'outil ***Modifier déroulant*** .
- Vérifiez toujours que vous travaillez sur les bonnes pistes cibles. La correction n'est pas possible si les pistes ne sont pas correctement affectées. Plusieurs techniques sont disponibles :
  - Pour supprimer 1 ou 5 images, cliquez sur -1 ou -5 autant de fois que nécessaire.
  - Pour ajouter 1 ou 5 images, cliquez sur +1 ou +5 autant de fois qu'il le faut.
  - Vous pouvez aussi passer la souris sur l'image puis cliquer et glisser dans le sens qui convient.

S'il s'agit d'une modification décalée, le plan suivant n'est pas modifié. S'il s'agit d'une modification compensée, le point de sortie ou le point d'entrée de l'autre plan est aussi décalé.

- vous pouvez aussi taper un nombre négatif (pour un raccord à gauche) ou positif (pour un raccord à droite) dans la zone de saisie située au-dessus des boutons puis appuyer sur la touche Entrée,
- pour effectuer une modification décalée, vous pouvez aussi faire glisser la bande de défilement vers la gauche ou vers la droite, selon le cas,
- pour effectuer une modification compensée, vous pouvez aussi placer le pointeur de la souris dans l'espace vide entre les deux vues et le faire glisser vers la gauche ou vers la droite.

⇨ *Quel que soit le type de modification, il faut bien sûr que des images soient disponibles dans le rush d'origine avant le point d'entrée et après le point de sortie. Le nombre d'images ajoutées au plan ou supprimées apparaît dans l'encadré* ***DécalageSort.*** *ou* ***DécalageEntr.***

R-Modifier la durée d'un plan

▒ Sélectionnez le plan dans la fenêtre **Montage** ou dans la fenêtre **Projet**.

▒ **Elément** Ctrl R (PC)
Durée ⌘ R (Mac)

▒ Précisez la durée à appliquer au plan puis cliquez sur **OK**.

⇨ *Il n'est pas nécessaire de taper le séparateur deux-points ; par exemple, 113 correspond à 0:00:01:13 soit 1 seconde 13 images.*

▒ Sélectionnez l'outil de la fenêtre **Montage** puis cliquez sur le plan.

▒ Faites glisser l'extrémité droite ou gauche du plan jusqu'à l'endroit désiré.

Repérez-vous à l'information ***Début*** *ou* ***Fin*** *de la palette* ***Infos*** *pour être certain d'aller jusqu'au time code souhaité.*

⇨ *Sur un titre ou un plan contenant une image fixe, vous pouvez appliquer la durée que vous désirez mais, lorsque vous augmentez la durée d'un plan quelconque, il faut que des images soient disponibles dans le rush d'origine et qu'il y ait "un emplacement vide" à droite ou à gauche du plan dans la fenêtre* ***Montage****.*

S-Modifier la vitesse d'un plan

Vous pouvez raccourcir la durée d'un plan en augmentant sa vitesse. La durée initiale d'un plan est la durée de ce plan au moment de son importation ou de son acquisition. La vitesse d'un plan est la vitesse de lecture par rapport à la vitesse d'enregistrement. Modifier la vitesse d'un plan entraîne la modification du nombre d'images par seconde.

▒ Sélectionnez l'élément concerné.

Elément
Vitesse

Ctrl Shift **R** (PC)
⌘ Shift **R** (Mac)

- Spécifiez une **Nouvelle fréquence** en pourcentage (une fréquence de 200% doublera la vitesse et réduira la durée de moitié) ou précisez la **Nouvelle durée** de l'élément.
- Cliquez sur **OK**.
- Vous pouvez aussi modifier la vitesse du plan directement dans la fenêtre **Montage** : sélectionnez l'outil **Etirement débit** et faites glisser une des extrémités du plan : si vous augmentez la longueur du plan, vous réduisez sa vitesse (et inversement).

⇨ *Vous pouvez aussi modifier le nombre d'images par seconde à l'aide de la commande* ***Elément - Options avancées - Métrage.***

T-Utiliser les marques

Placer une marque

Les marques sont utiles pour repérer des images ou des moments importants ou pour diviser le montage en plusieurs sections. Elles servent notamment dans les opérations de synchronisation d'images et de son. Les marques peuvent être posées à tout moment, soit sur les rushes, soit dans le montage final sur les pistes ***Audio*** *ou* ***Vidéo****.*

Si vous voulez repérer un moment ou une image important dans un élément, placez une marque élément. Si vous voulez repérer un moment qui affecte plusieurs éléments, placez une marque dans la fenêtre ***Montage****.*

- Pour placer une marque dans la fenêtre **Montage**, veillez à ce qu'aucun élément de cette fenêtre ne soit sélectionné. Pour placer une marque sur un élément, activez si besoin, la fenêtre **Montage** et cliquez dans l'élément pour le sélectionner.
- Positionnez la tête de lecture sur l'emplacement à marquer.
- Pour placer une marque numérotée dans la fenêtre **Montage** :

Montage
Définir la marque de montage
0 à 9

Alt Shift **numéro** (PC)
⌥ Shift **numéro** (Mac)

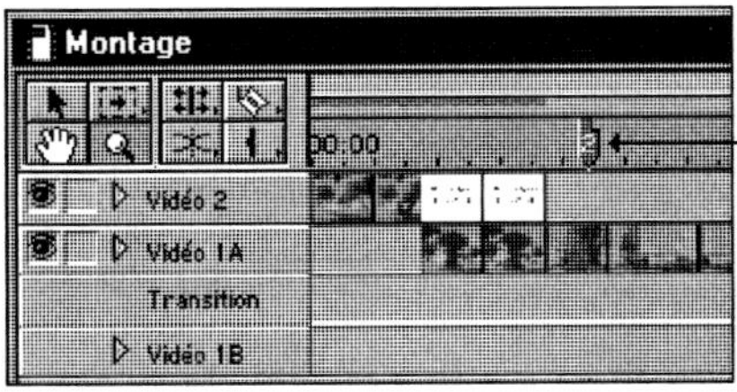

la marque apparaît sur l'échelle de temps

- Pour placer une marque numérotée sur un élément :

Elément
Définir la marque de l'élément
0 à 9

Ctrl Alt **numéro** (PC)
⌘ ⌥ **numéro** (Mac)

La marque 0 correspond à l'image postérisée.

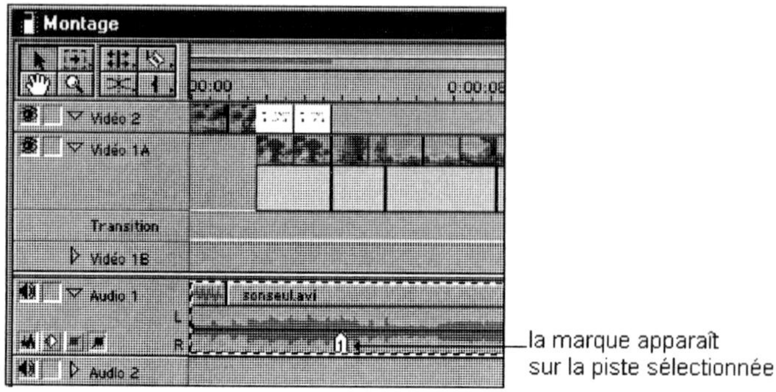

- Pour changer le numéro d'une marque, placez-en une autre au même emplacement.
- Pour insérer une marque non numérotée dans la fenêtre **Montage** :

Montage Alt Shift = ou * (PC)
Définir la marque de montage ⌥ Shift = (Mac)
Non numéroté

Pour insérer une marque non numérotée sur un élément :

Elément Ctrl Alt = (PC)
Définir la marque de l'élément ⌘ ⌥ = (Mac)
Non numéroté

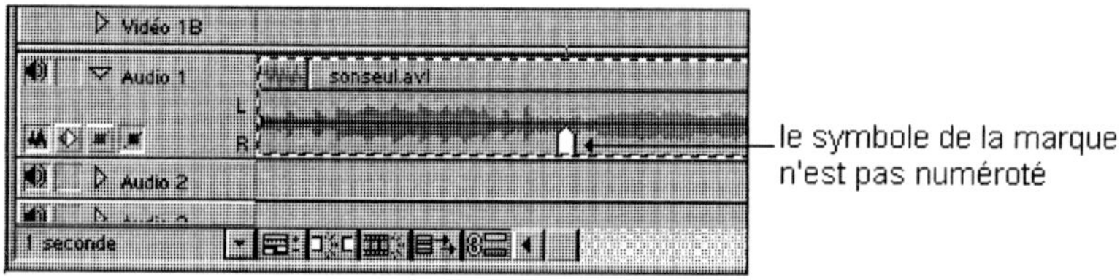

- Pour associer un commentaire à une marque de la fenêtre **Montage**, double cliquez sur la marque.

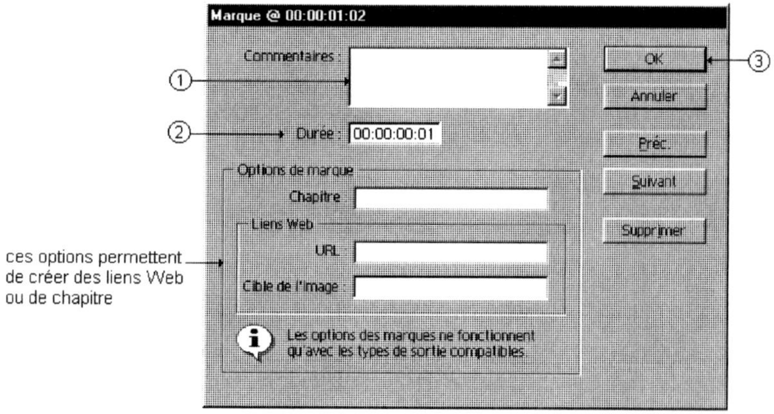

① Tapez le commentaire qui s'affichera dans l'écran final de la fenêtre **Moniteur**.

② Modifiez, si besoin est, la durée (par défaut 1 image).

③ Validez.

⇨ *Vous pouvez insérer jusqu'à 10 marques numérotées de 0 à 9 et jusqu'à 999 marques non numérotées.*

⇨ *Vous pouvez aussi insérer des marques durant la lecture en utilisant les raccourcis-clavier.*

⇨ *Vous pouvez aussi insérer une marque à partir d'un élément visible dans l'écran final de la fenêtre **Moniteur** ou dans une fenêtre **Elément**. Elle sera conservée lorsque vous insérerez l'élément dans la fenêtre **Montage**. Le bouton regroupe les commandes liées aux marques.*

Atteindre les marques

- Sélectionnez, si besoin est, la piste sur laquelle se trouve la marque que vous désirez atteindre.
- Pour atteindre une marque d'élément numérotée :

Elément — [Ctrl] numéro (PC)
Atteindre la marque d'élément — [⌘] numéro (Mac)
0 à **9**

Pour atteindre une marque numérotée de la fenêtre **Montage** :

Montage — [⇧ Shift] numéro (PC)
Atteindre la marque de montage — [⇧ Shift] numéro (Mac)
0 à 9

Attention, sur PC, utilisez les chiffres du clavier alphanumérique.

- Pour accéder aux différentes marques, utilisez :

Elément — [Ctrl][→] ou [Ctrl][←] (PC)
Atteindre la marque d'élément — [⌘][→] ou [⌘][←] (Mac)
Suivant ou **Précédent**

ou

Montage — [Ctrl] W ou [⇧ Shift] Q
Atteindre la marque de montage
Suivant ou Précédent

Effacer les marques

- Sélectionnez, si besoin est, l'élément sur lequel se trouve(nt) la ou les marques à effacer.
- Pour effacer une marque non numérotée, positionnez la tête de lecture sur la marque à effacer (cf. Atteindre les marques).

Pour effacer une marque d'élément :

Elément Ctrl ⇧Shift **C** (PC)/ ⌘ ⇧Shift **C** (Mac)
Effacer la marque d'élément
Marque actuelle ou Ctrl Alt ⇧Shift **C** (PC)/ ⌘ ⌥ ⇧Shift **C**(Mac)
ou **Toutes les marques**
ou **numéro**

Pour effacer une marque de la fenêtre **Montage** :

Montage Ctrl ⇧Shift **G** (PC)/ ⌘ ⇧Shift **G** (Mac)
Effacer la marque de montage
Marque actuelle Ctrl Alt ⇧Shift **G** (PC)/ ⌘ ⌥ ⇧Shift **G** (Mac)
ou **Toutes les marques**
ou **numéro**

⇨ *Vous pouvez masquer les marques en désactivant l'option **Afficher les marques** de la boîte de dialogue **Options de la fenêtre Montage**.*

U-Ajouter une amorce

L'amorce permet au projectionniste de réaliser des réglages avant que les spectateurs ne voient les premières images du film. Elle n'est utile que pour le cinéma.

Fichier - Nouveau - Configuration de l'amorce SMPTE

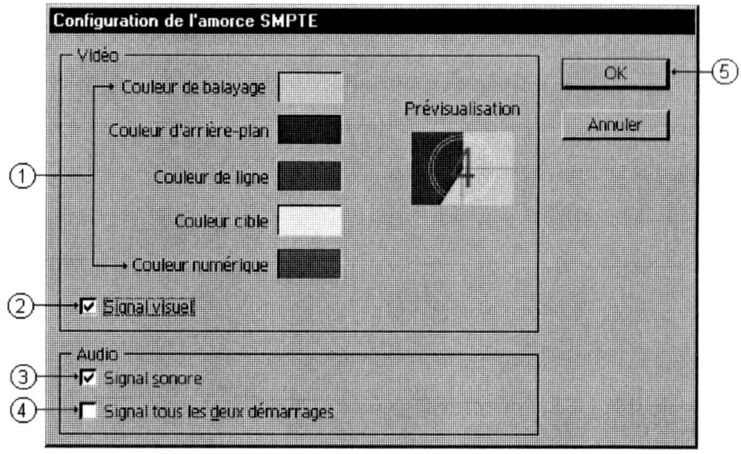

① Choisissez une couleur pour chacun des éléments graphiques de l'amorce.

② Cochez cette option pour qu'un petit cercle apparaisse juste avant le départ des images du film.

③ Activez cette option pour qu'un son s'exécute 2 secondes avant la fin de l'amorce.

④ Activez cette option pour qu'un son s'exécute à chaque seconde durant l'amorce.

⑤ Validez.

*L'amorce s'installe dans la fenêtre **Projet** comme un rush normal.*

- Insérez l'amorce au tout début du film comme vous pouvez le faire pour un plan normal.

V-Créer des éléments virtuels

Si votre film possède une séquence complexe qui se répète plusieurs fois, il est intéressant de monter la séquence une fois puis de la répéter automatiquement autant de fois que vous le désirez. Vous créez ainsi un élément "virtuel" qui, tout comme l'élément source, peut contenir plusieurs plans répartis sur plusieurs pistes, des transitions et des effets.

Avec les éléments virtuels, vous pouvez :

- *multiplier une séquence complexe autant de fois que vous le désirez,*
- *répercuter automatiquement sur tous les éléments virtuels une modification ou un effet réalisé sur l'élément source. Cependant, chaque élément virtuel peut être géré indépendamment des autres (vous pouvez le modifier et y appliquer des réglages),*
- *créer des effets élaborés en appliquant autant de fois que vous le désirez des effets de transition les uns par-dessus les autres.*

- Pour créer un élément virtuel, placez la zone de travail de la fenêtre **Montage** en regard des éléments.
- Sélectionnez l'outil  puis à l'aide d'un cliqué-glissé, sélectionnez les plans à inclure dans l'élément virtuel.
- Pointez l'intérieur du rectangle de sélection (le pointeur prend une forme spécifique) puis faites glisser ce bloc vers un emplacement libre de la fenêtre **Montage**.

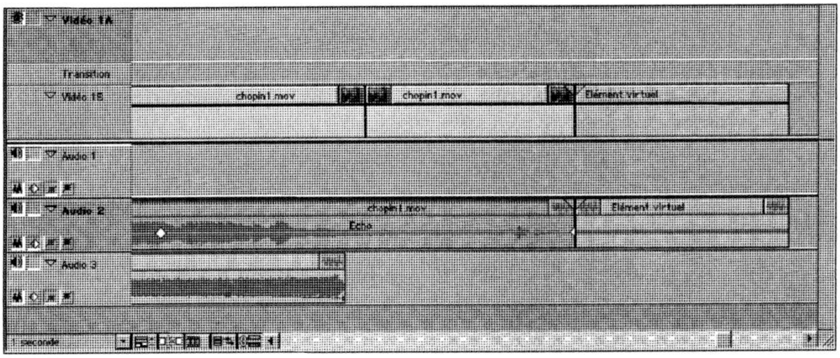

⇨ *Toute modification sur les éléments de départ sera automatiquement reportée sur l'élément virtuel que vous pouvez répéter autant de fois que vous le désirez.*

⇨ *Un élément virtuel peut contenir jusqu'à 64 éléments virtuels imbriqués les uns dans les autres.*

⇨ *Lorsque Premiere gère des éléments virtuels, les temps de calcul sont prolongés du fait qu'il applique le traitement à tous les éléments virtuels.*

⇨ *Pour transformer un élément virtuel en élément standard (le lien avec l'élément source sera alors rompu), sélectionnez l'élément puis exécutez la commande* ***Elément - Remplacer par la source****, précisez le nom et le lieu de classement de ce nouvel élément.*

⇨ *Pour retrouver un élément source compris dans un élément virtuel, faites un double clic sur l'élément virtuel ou tapez* Ctrl ***L*** *(PC),* ⌘ ***L*** *(Mac).*

W-Créer un lien Web

Dans une séquence vidéo, vous pouvez créer un lien vers un site Web ou déclencher l'ouverture d'une image du site. Pour fonctionner, il faut que votre séquence vidéo soit intégrée dans une page Web. L'URL associée est reconnue à la lecture et déclenche un saut vers la page concernée. Ce système n'est pris en charge que par le système QuickTime.

- Créez une marque de montage (cf. 3.1 - T).
- Faites un double clic sur la marque.

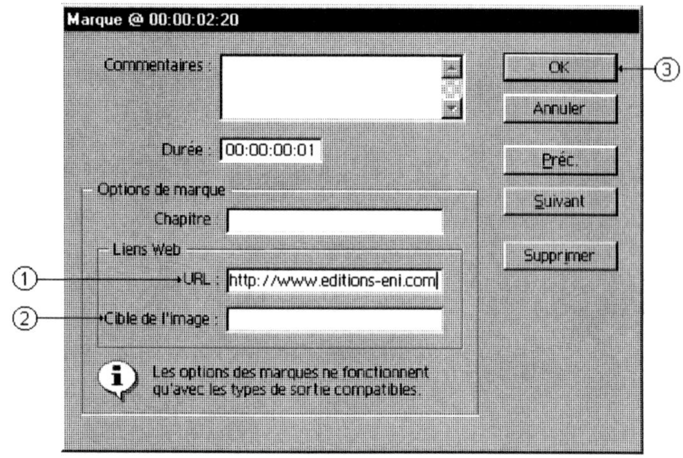

① Saisissez l'adresse URL du site.

② Pour déclencher l'ouverture d'une image du site, saisissez son nom de fichier.

③ Créez le lien.

3.2 La gestion du son

A-Importer un son

Les "rushes son" fonctionnent de la même manière que les rushes images sauf qu'ils ont des standards différents. Premiere ne reconnaît que deux formats : .aif provenant du Mac et .wav provenant du PC et des sons préalablement mis aux formats vidéo AVI ou QuickTime.

- Pour importer un fichier son dans la fenêtre **Projet**, procédez comme pour un élément quelconque (cf. 2.3 - A).

B-Écouter un son

- Pour visualiser la bande son, affichez la fenêtre **Projet** en mode **Icône** ou **Vignette** et faites un double clic sur la ligne verte de l'imagette son.

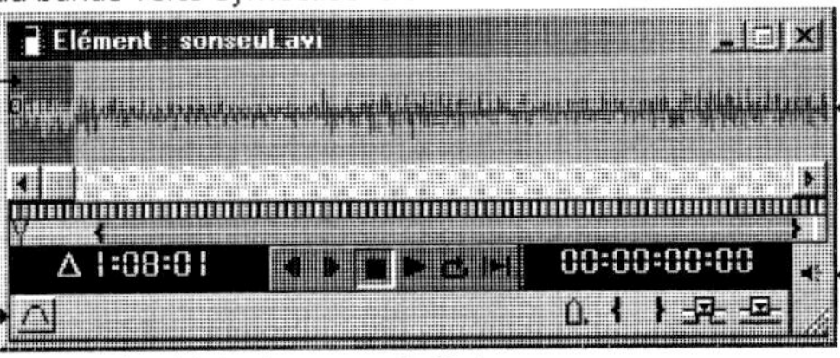

- Pour écouter la bande son, cliquez sur le bouton [▶].
- Pour régler le volume sonore, utilisez le bouton [🔊]. A chaque clic sur ce bouton, vous augmentez puis réduisez le volume sonore et son aspect se modifie ; lorsque le son est coupé, il se présente ainsi [🔈].

C-Calibrer un son

- Écoutez attentivement la bande sonore pour repérer les points d'entrée "son in" et de sortie "son out".
- Cliquez sur les boutons [{] et [}] pour placer des points d'entrée et de sortie.

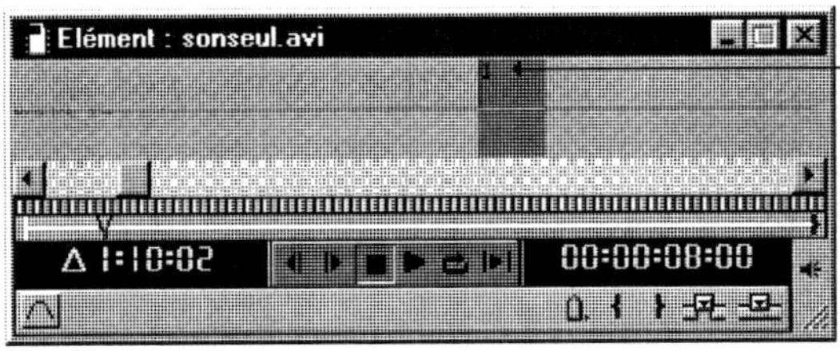

D-Monter et régler un son dans la fenêtre Montage

- Pour mettre en place un élément son dans la fenêtre **Montage**, cliquez sur l'imagette du plan sonore visible dans la fenêtre **Projet** puis faites-la glisser sur une piste **Audio** de la fenêtre **Montage**.

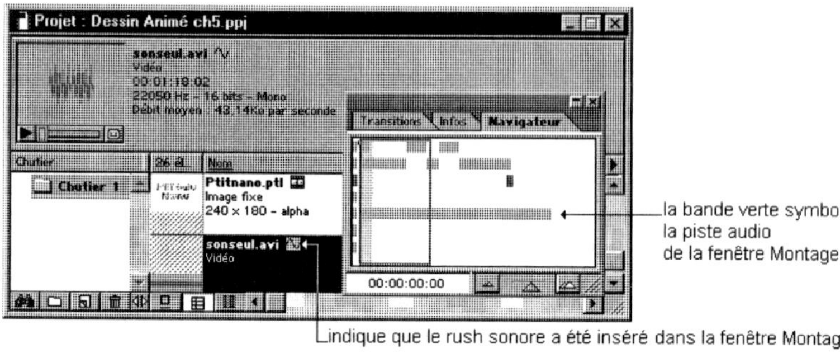

- Pour repositionner si besoin la bande son, cliquez dessus avec l'outil **Sélection** puis faites-la glisser vers l'emplacement souhaité.
- Développez, si besoin est, la piste **Audio** pour faire apparaître le graphisme des altérations sonores.

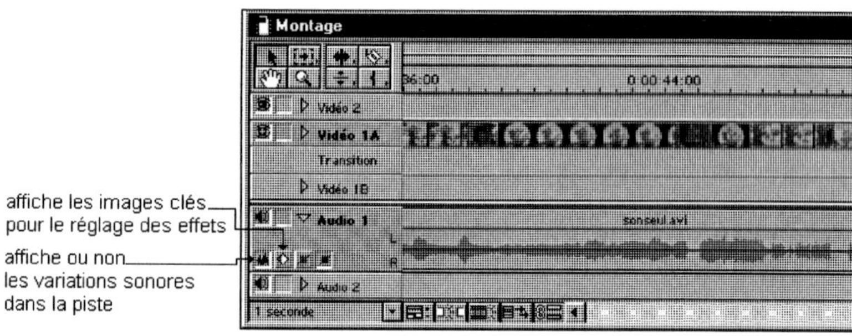

- Pour régler l'intensité sonore, cliquez sur le bouton rouge. Cliquez ensuite sur la ligne rouge pour placer des points de contact sous forme de carrés rouges puis faites glisser ces points de contact vers le haut pour augmenter le son, vers le bas pour le diminuer. Appuyez sur la touche ⇧Shift pendant le cliqué-glissé pour voir apparaître la valeur sonore en pourcentage ou en décibels (unité de mesure de puissance acoustique) par rapport à la valeur précédente.

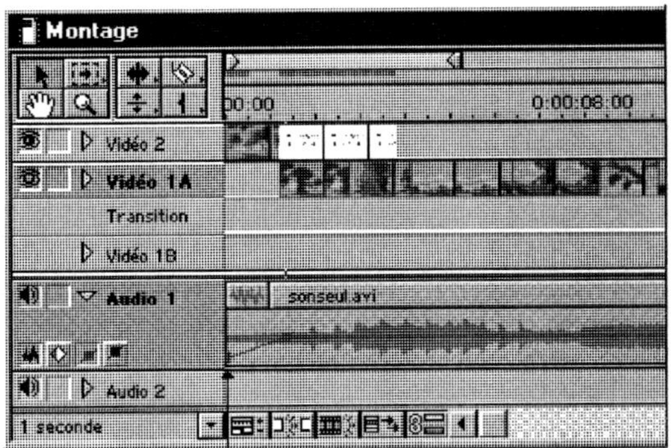

faites glisser le point de contact complètement vers le bas pour créer un effet "Fade in"

- Pour supprimer un point de contact, faites-le glisser vers l'extérieur de la piste audio et relâchez le bouton de la souris.
- Pour créer un effet stéréophonique sur un son mono, cliquez d'abord sur le bouton bleu. Cliquez sur la ligne bleue en appuyant sur la touche Alt (PC) ou ⌥ (Mac) puis faites glisser le point de contact vers le haut pour créer un effet panoramique vers la gauche (haut-parleur gauche) ; créez un nouveau point de contact et faites-le glisser vers le bas pour créer un effet panoramique vers la droite (haut-parleur droit) :

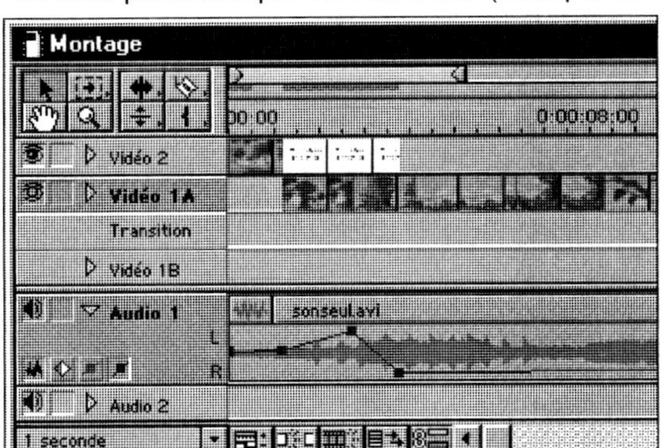

⇨ *Vous pouvez aussi appliquer un panoramique à partir de la fenêtre Mixage audio (cf. 3.2 - K).*

E- Régler le gain dans la fenêtre Montage

Le réglage du gain est nécessaire pour équilibrer les volumes sonores entre deux plans superposés. Cependant, ce type de réglage est nécessairement limité par la qualité du son original. Premiere ne fait que des ajustements, il ne peut rattraper des écarts trop importants sans rajouter du bruit ou provoquer des distorsions.

- Dans la fenêtre **Montage**, sélectionnez l'élément audio.
- **Elément - Options audio - Gain audio**

tapez une valeur supérieure à 100 pour amplifier le son, une valeur inférieure à 100 pour l'atténuer

permet de calculer automatiquement la valeur du gain

- Cliquez sur le bouton rouge et créez des points de contact (ou points de fondu) sur la ligne sonore (cf. 3.2 - D).
- Pour régler le gain sonore, faites glisser chaque point de fondu. Pour déplacer un segment (donc les points de fondu situés aux deux extrémités), sélectionnez l'outil **Réglage fondu** puis faites glisser le segment vers le haut ou le bas. Maintenez la touche [Shift] enfoncée durant le cliqué-glissé pour que le gain se modifie par incrément de 1%.

  *Si vous n'utilisez pas la touche [Shift] durant cette opération, le réglage est moins précis. Servez-vous de la palette **Infos** qui affiche la valeur du gain dans le paramètre **Intensité**.*

- Vérifiez vos réglages en prévisualisant le film.

F- Synchroniser images et son

- Pour synchroniser images et son, c'est-à-dire faire coïncider bande image et bande son, écoutez attentivement la bande sonore ou remarquez une crête sur le graphique de la bande audio afin de repérer l'endroit où images et son doivent être synchronisés.
- Placez une marque sur la piste vidéo et sur la piste audio à l'endroit où les éléments doivent être synchros (cf. 3.1 - T).

la marque placée permet de repérer l'image que l'on doit voir lorsqu'on entend le son repéré par la marque placée sur la piste **Audio**

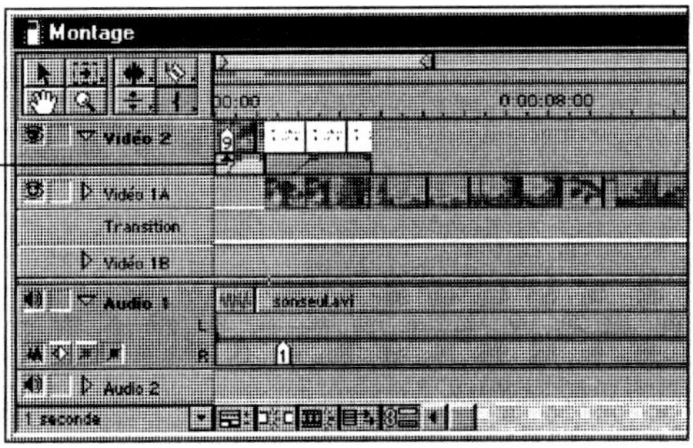

- Alignez les deux marques, soit en décalant la bande son vers la droite ou vers la gauche (en coupant une partie au début), soit en insérant ou supprimant des images sur la bande vidéo.

les marques sont en regard l'une de l'autre, images et sons seront synchronisés

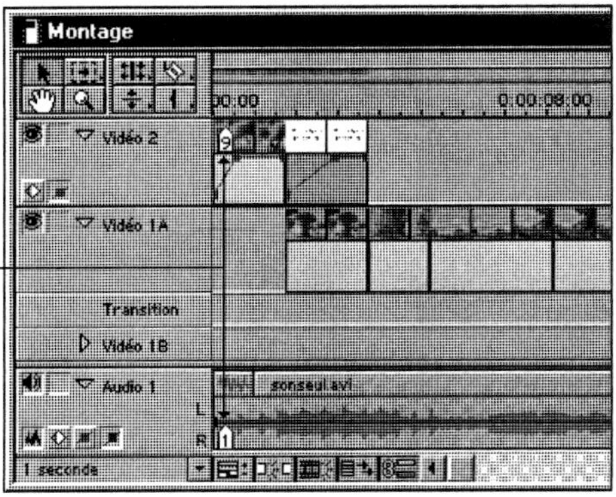

G-Lier/délier images et sons

- Pour délier une image et un son, sélectionnez le plan sur lequel vous désirez intervenir puis **Edition - Rompre le lien audio et vidéo**.

  Des marques blanches apparaissent sur les deux bandes : elles vous permettront de recaler les bandes ultérieurement.

- Pour relier les éléments, sélectionnez l'outil de la fenêtre **Montage**, cliquez sur le premier élément à lier puis sur le deuxième.
- Pour agir sur une des bandes sans affecter l'autre, cliquez sur le bouton en bas de la fenêtre **Montage** pour désactiver le mode synchronisation. Cliquez sur le plan concerné puis faites la modification à l'aide d'un outil de la fenêtre **Montage**.

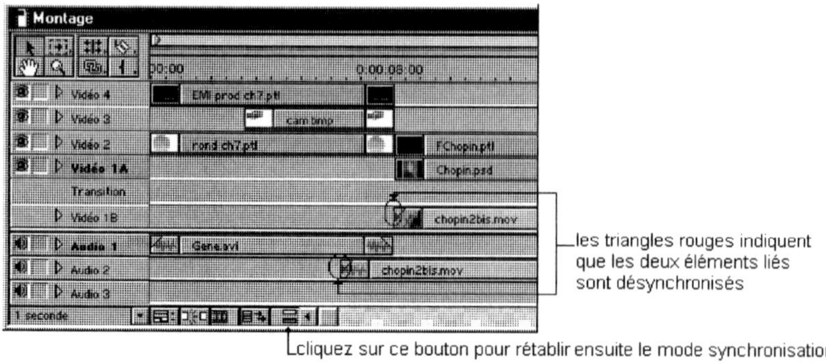

- Pour rétablir la synchronisation de deux éléments liés, cliquez sur le triangle rouge (un chiffre apparaît dans une info-bulle blanche) puis faites glisser le pointeur sur cette info-bulle afin qu'elle devienne noire ; relâchez ensuite la souris.

H-Découvrir la fenêtre Mixage audio

- **Fenêtre - Mixage audio**

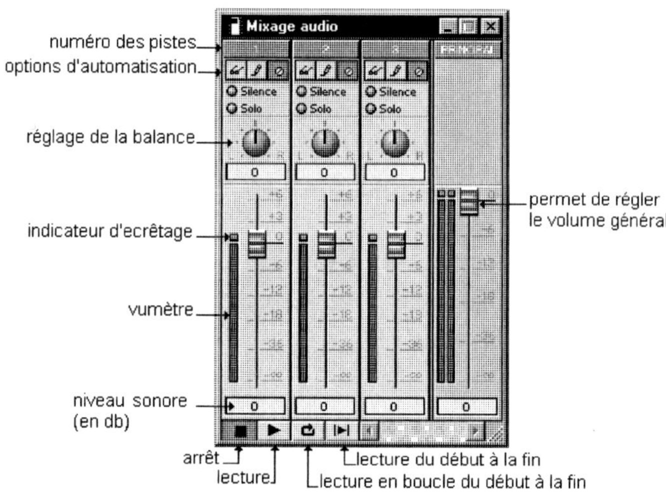

La table de mixage contient un jeu de barres pour chaque piste audio numérotée dans leur ordre d'apparition dans la fenêtre ***Montage****.*

- Pour exclure une piste de la lecture, cliquez sur le bouton **Silence** de la barre correspondante. Pour écouter une seule piste, cliquez sur le bouton **Solo** de la barre correspondante et veillez à ce que ce bouton soit inactif pour les autres pistes.
- Pour lancer la lecture des pistes audio, cliquez sur le bouton ▶.
- Pour régler le volume sonore d'une piste, déplacez le curseur (ou potentiomètre) de la barre correspondante ou saisissez une valeur en décibels en bas de la barre.

⇨ *Le choix de l'espace de travail* ***Audio*** *active automatiquement la fenêtre* ***Mixage audio.***

⇨ *Vous pouvez paramétrer l'affichage de la fenêtre Mixage audio en foncion de vos besoins (cf. titre suivant).*

I- Paramétrer l'affichage de la fenêtre Mixage audio

- **Fenêtre Options de fenêtre Options de la fenêtre de mixage audio**

  Clic droit (PC) ou Ctrl clic (Mac) sur la barre de titre de la fenêtre **Mixage audio.**

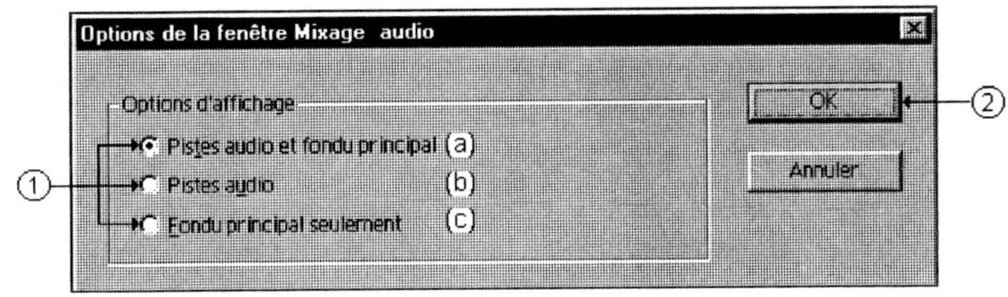

① Choisissez d'afficher :

(a) la barre de fondu principal et les pistes audios.

(b) les pistes audio seules.

(c) la barre de fondu principal sans les pistes audio.

② Validez.

J- Mixer les éléments audio d'un film

Le principe est d'ajuster les volumes sonores et la balance des différentes pistes tout en regardant les pistes vidéo, comme dans les studios professionnels.

- Placez les éléments sonores à leur place respective dans la fenêtre **Montage**. Ecoutez le résultat et préparez votre mixage sur le papier en notant les instants où vous souhaitez augmenter le son d'une piste ou le diminuer.
- Pour mixer tout le montage, placez la tête de lecture au début du film. Pour mixer une partie du montage, placez la tête de lecture au time code à partir duquel vous souhaitez effectuer les réglages. Pour mixer une séquence, adaptez la zone de travail à cette séquence.
- Affichez, si besoin est, la fenêtre **Mixage audio** et ouvrez la boîte de dialogue **Options de la fenêtre Mixage audio (Fenêtre - Options de fenêtre - Options de la fenêtre de mixage audio**) pour choisir une option de mémorisation des réglages.

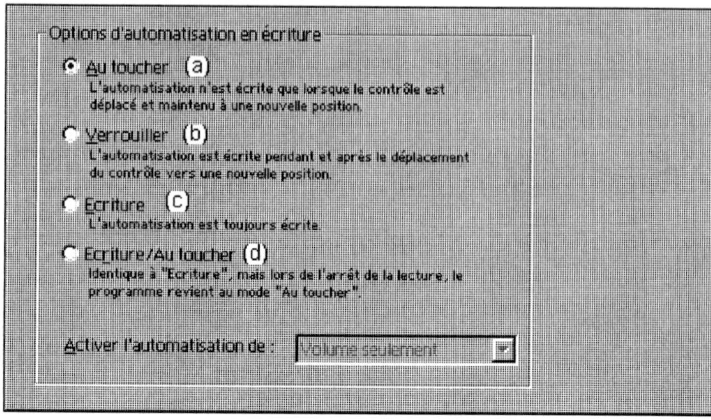

- Activez l'option :
  - (a) pour que Premiere mémorise vos actions sur les potentiomètres et que ceux-ci reprennent leurs places initiales à la fin de l'enregistrement.
  - (b) pour que Premiere mémorise vos actions sur les potentiomètres et que ceux-ci restent à la place que vous leur avez assignée.
  - (c) pour pouvoir prédéfinir la position de vos potentiomètres avant de lancer l'écriture.
  - (d) pour appliquer le mode **Ecriture** (c) au moment de l'écriture et le mode **Au toucher** (a) au moment de la lecture.
- Cliquez sur **OK**.

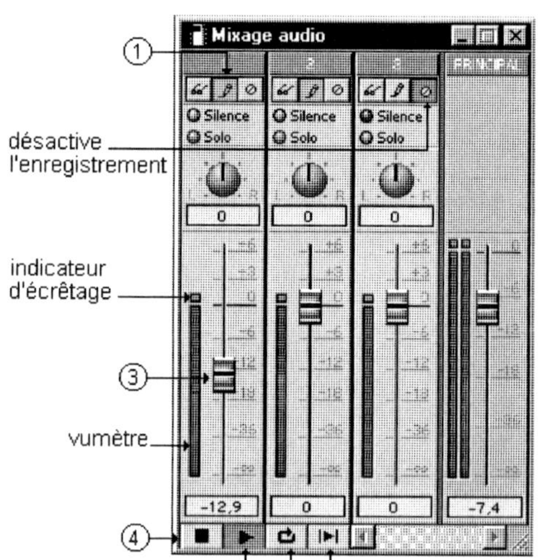

① Pour écrire sur les pistes concernées par le réglage, cliquez sur ce bouton : il devient jaune.

② Lancez la lecture en cliquant sur l'un de ces boutons. Si vous mixez la séquence correspondant à la zone de travail, appuyez sur [Entrée].

③ Pendant le déroulement du film, déplacez les potentiomètres en suivant votre plan de mixage. Déplacez-les vers le haut pour monter le volume, vers le bas pour le diminuer. Surveillez que les vumètres n'affichent que du jaune. L'indicateur d'écrêtage est rouge dès que le volume atteint un niveau de saturation tel que le son est alors déformé.

④ Arrêtez l'enregistrement.

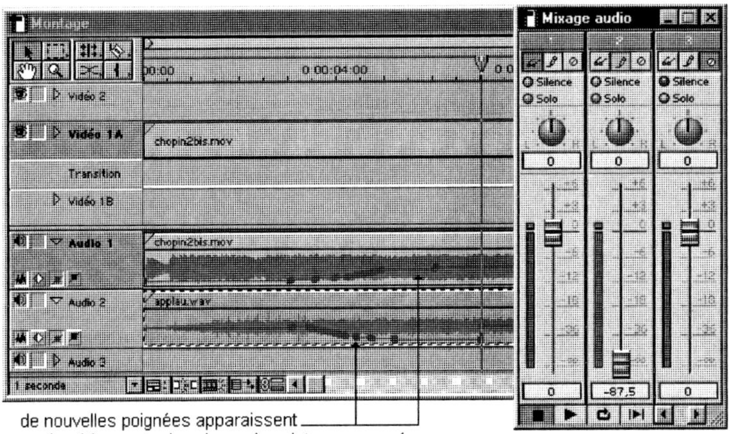

de nouvelles poignées apparaissent sur les étirements de volume des pistes concernées

- Relisez votre travail. Si le résultat ne vous convient pas, annulez le mixage. Vous pourrez le reprendre autant de fois que nécessaire.
- Pour conserver un mixage satisfaisant, cliquez sur le bouton [icône] des pistes concernées. Vous ne risquerez pas de l'écraser lors de la prochaine lecture.
- Pour réinitialiser l'indicateur d'écrêtage lorsqu'il est rouge, cliquez dessus après avoir baissé le volume.

K-Régler la balance ou le panoramique dans la fenêtre Mixage audio

*Vous pouvez contrôler la répartition spatiale d'un son en fonction de vos haut-parleurs dans la fenêtre **Mixage audio**. Si l'élément audio est un élément monophonique, vous appliquez un **panoramique** en le plaçant entre les canaux stéréo gauche et droit. Si l'élément audio est un élément stéréophonique, vous pouvez ajuster les canaux stéréo de l'élément, c'est-à-dire régler la **balance.***

- Affichez la fenêtre **Mixage audio** : **Fenêtre - Mixage audio**.
- Placez la tête de lecture à l'endroit à partir duquel vous souhaitez effectuer le réglage.

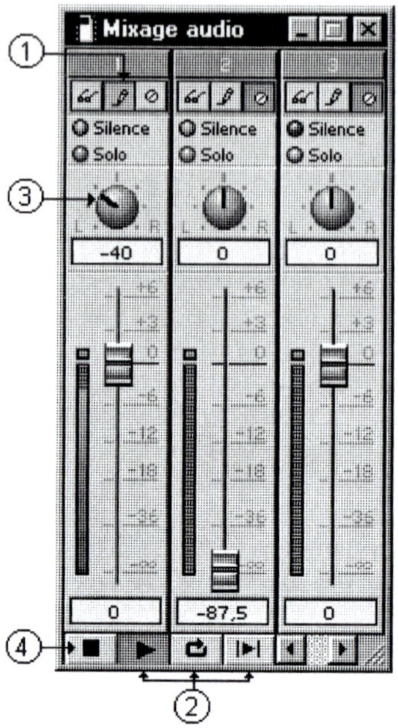

① Activez l'enregistrement des réglages.

② Lancez la lecture.

③ Déplacez ce bouton vers la gauche ou vers la droite pour déplacer le son vers le canal L ou le canal R.

④ Stoppez la lecture.

*Dans la fenêtre **Montage**, Premiere rajoute des poignées sur les lignes bleues représentant les étirements de panoramique.*

3.3 La création d'un titre

A-Créer un titre

Accéder à la fenêtre Titre

Fichier - Nouveau - Titre ou cliquez sur le bouton  en bas de la fenêtre **Projet** puis sélectionnez **Titre** dans la liste **Type de l'objet**.

*Un nouveau menu nommé **Titre** apparaît dans la barre des menus. Il contient toutes les commandes concernant la création de texte.*

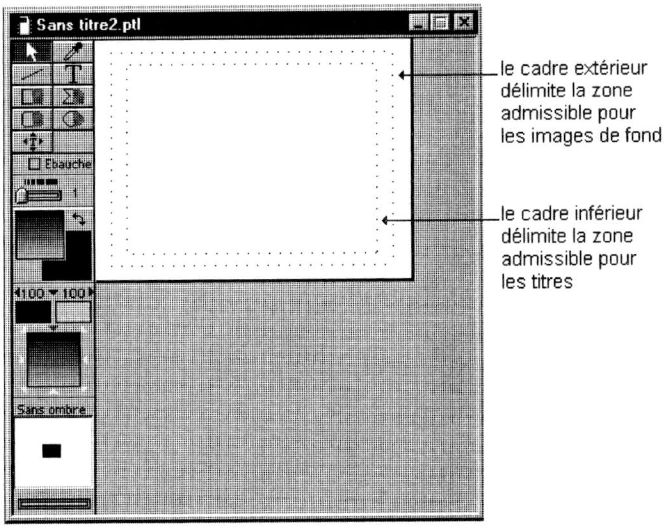

⇨ *La case* ***Ebauche*** *permet d'activer le mode Ebauche qui permet d'accélérer l'affichage du titre car tous les attributs ne sont pas affichés.*

⇨ *Lorsque du texte est sélectionné, l'outil* *est remplacé par l'outil* *qui permet de modifier l'espacement entre les caractères (crénage ou approche).*

⇨ *Les cadres pointillés sont affichés si l'option* ***Afficher les titres admissibles*** *de la boîte de dialogue* ***Options de la fenêtre Titre*** *est cochée (****Fenêtre - Options de fenêtre - Options de la fenêtre Titre****). Ces cadres délimitent la zone de sécurité permettant de contrôler que le texte sera toujours visible quel que soit l'écran de projection.*

Rédiger un titre simple

- Pour caler le texte sur une image de fond prise dans un plan, installez d'abord le plan dans la fenêtre **Titre** en faisant glisser son imagette.
- Sélectionnez l'outil T et cliquez à l'intérieur du cadre pointillé à l'endroit où vous désirez positionner le texte.

  Le point d'insertion clignote dans un rectangle.

Sur PC, utilisez la commande **Titre - Police** :

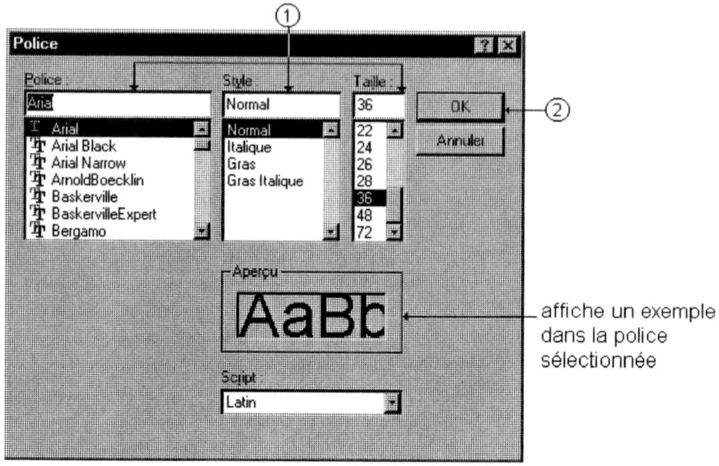

① Définissez les attributs de caractères du texte.

② Validez.

Sur Mac, utilisez les options du menu **Titre** pour définir les attributs de caractères.

Tapez votre texte. Appuyez sur [Entrée] si vous avez besoin de saisir plusieurs lignes.

Pour définir l'alignement du texte à l'intérieur de l'objet texte, utilisez la commande **Titre - Alignement** puis choisissez l'alignement souhaité.

Pour modifier l'espacement entre les caractères, sélectionnez les caractères concernés et cliquez sur les outils [▶◀] [◀▶] pour écarter ou rapprocher chaque caractère les uns par rapport aux autres.

Lorsque la saisie est terminée, cliquez à l'extérieur du cadre de texte.

⇨ *La définition d'un écran étant inférieure à celle d'un écran informatique, il est préférable de choisir une police de caractère bien lisible : évitez les polices trop fines et celles avec empattements car elles sont moins bien transcrites que les polices épaisses avec lettres bâtons.*

⇨ *Les paramètres du texte sélectionné sont visibles dans la palette **Infos**.*

- ⇨ *Le **Style** et la taille du texte (**Dimension**) peuvent être aussi choisis directement à partir du menu **Titre**.*
- ⇨ *Pour modifier l'orientation du texte afin que les caractères soient disposés les uns en dessous des autres, utilisez la commande **Titre - Orientation - Vertical**.*
- ⇨ *Lorsque vous faites glisser l'imagette dans la fenêtre **Titre**, c'est l'image du point d'entrée du plan qui apparaît. Pour insérer une autre image que celle-ci, placez une marque 0 sur l'image concernée avant de l'insérer dans la fenêtre **Titre**.*
- ⇨ *Pour supprimer l'image d'arrière-plan, faites **Titre - Supprimer l'image de fond** (PC), **Supprimer l'élément d'arrière-plan** (Mac).*

B-Générer un titre en mouvement

La fonction "Roll et scroll" est souvent utilisée pour dérouler des génériques importants.

- **Fichier - Nouveau - Titre**
- Sélectionnez l'outil  puis tracez le cadre de l'objet texte par un cliqué-glissé.
- Tapez votre texte avec les attributs souhaités.
- Pour affecter un mouvement à votre texte, utilisez la commande **Titre - Options de titre déroulant**.

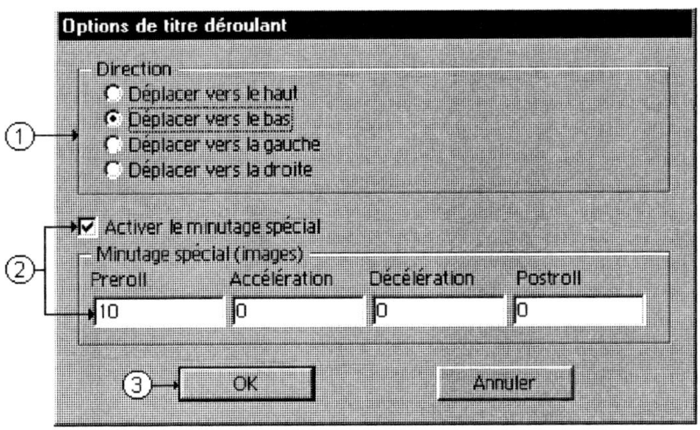

① Choisissez la direction du mouvement.

② Activez cette option pour contrôler plus précisément le défilement du texte et spécifiez les valeurs suivantes :

Preroll	nombre d'images qui restent statiques entre le point d'entrée image et le mouvement du roll.
Accélération	nombre d'images au bout duquel le mouvement doit atteindre sa vitesse normale.
Décélération	nombre d'images au bout duquel le mouvement doit s'arrêter progressivement.

Postroll nombre d'images qui restent statiques entre le point d'arrêt et le point de sortie du titre.

③ Cliquez sur **OK**.

- Si vous avez choisi un défilement vertical (comme un générique de film), ajoutez des lignes vierges avant et après les premiers et derniers mots. Le texte défilera de la première à la dernière ligne même vides.
  Si vous avez choisi un déplacement horizontal, ajoutez des espaces avant et/ou après les mots d'une ligne quelconque. Le texte défilera dans l'espace correspondant à la ligne la plus longue, même si les premiers et derniers caractères sont des espaces.

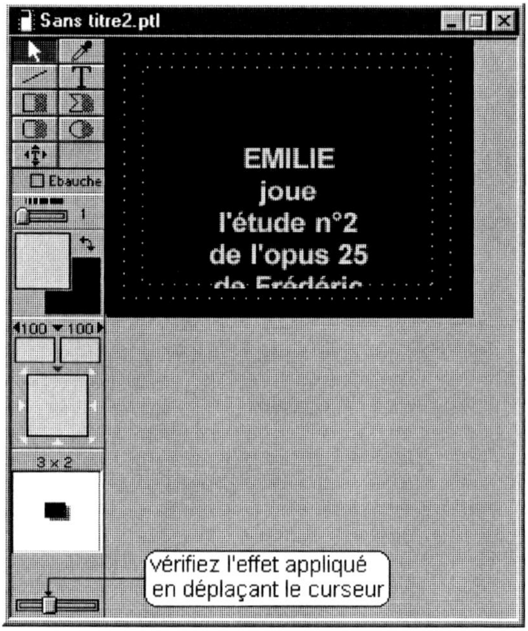

C-Enregistrer un titre

- **Fichier - Enregistrer** ou **Enregistrer sous** ([Ctrl] **S** ou [Ctrl][⇧ Shift] **S** (PC)), ([⌘] **S** ou [⌘] [⇧ Shift] **S** (Mac))
- Précisez le dossier d'enregistrement puis le nom du fichier.

⇨ *Sur PC, le format de fichier Titre de Premiere porte l'extension .ptl. Pour retrouver ultérieurement un titre, il suffit d'ouvrir le fichier correspondant en utilisant* ***Fichier - Ouvrir*** *ou* [Ctrl] ***O*** *et en sélectionnant* ***Premiere Titre (*.ptl)*** *dans la liste* ***Type****. S'il est intégré dans le montage, un double clic sur l'élément ouvre la fenêtre* ***Titre****.*

⇨ *Si vous modifiez ultérieurement le fichier .ptl, tous les projets qui intègrent ce titre seront automatiquement modifiés.*

D-Centrer un titre dans la fenêtre de Titre

- Sélectionnez l'objet texte concerné.
- Ouvrez le menu **Titre** puis choisissez l'option **Centrer horizontalement**, **Centrer verticalement** ou **Placer dans le tiers inférieur**.

E-Modifier la couleur d'arrière-plan de la fenêtre Titre

- Accédez, si besoin est, à la fenêtre **Titre**.
- **Fenêtre**
Options de fenêtre
Options de la fenêtre Titre — Clic droit (Ctrl clic sous Mac) sur la barre de titre de la fenêtre

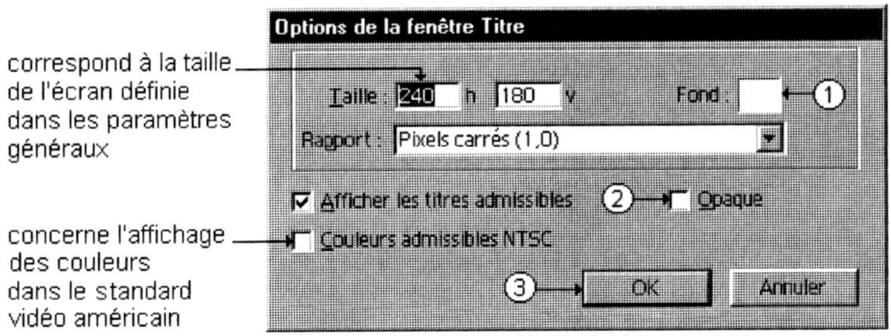

① Cliquez dans cette zone pour ouvrir la palette des couleurs. Choisissez une teinte en cliquant sur une des teintes proposées ou en spécifiant les différents composants de la couleur puis cliquez sur **OK**.

② Activez cette option dans le cas où le plan titre sera installé dans la piste **Vidéo 2** de la fenêtre **Montage**, si vous souhaitez que la couleur d'arrière-plan soit visible et que les images situées sur la piste **Vidéo 1** soient masquées. Si cette option n'est pas cochée, la couleur d'arrière-plan ne sera pas visible et votre texte ou votre graphisme sera incrusté dans l'image placée sur la piste **Vidéo 1**.

③ Cliquez sur **OK** pour revenir à la fenêtre **Titre**.

F-Tracer un objet graphique

- Accédez, si besoin est, à la fenêtre **Titre**.
- Cliquez sur l'outil correspondant à l'objet graphique à tracer. A l'exception de l'outil [outil ligne], cliquez sur la partie gauche de l'outil si l'objet tracé doit être vide et sur la partie droite s'il doit être plein.
- Modifiez, si besoin est, les différents paramètres du tracé (couleurs, dégradés, ombre...).
- Pour tracer l'objet graphique, cliquez à l'une des extrémités du futur objet puis faites glisser à l'extrémité opposée. Pour dessiner une ligne parfaitement horizontale, un carré (et non un rectange), un cercle (et non un ovale), maintenez la touche Shift enfoncée durant le cliqué-glissé.

G-Définir le dégradé appliqué à un objet graphique

▒ Si l'objet existe déjà, sélectionnez-le.

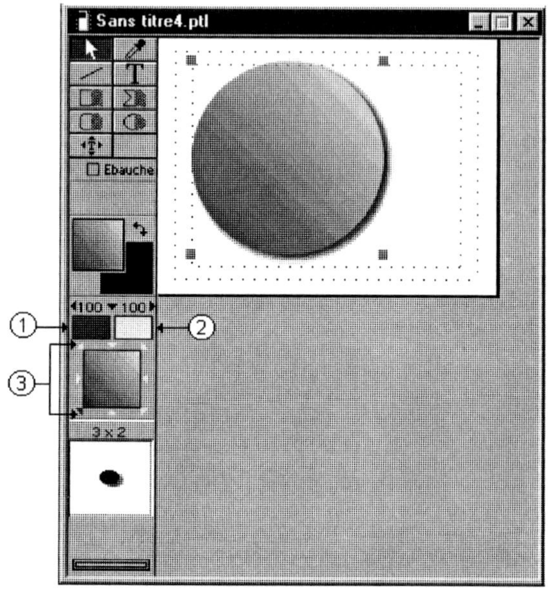

① Choisissez la couleur de départ du dégradé.

② Choisissez la couleur d'arrivée du dégradé.

③ Cliquez sur l'un des petits triangles pour choisir l'orientation du dégradé (le triangle devient rouge).

H-Modifier le texte d'un titre et sa présentation

Modifier le texte

▒ Pour modifier le texte, faites un double clic sur l'objet texte afin de faire apparaître le point d'insertion. Faites vos modifications puis cliquez en dehors de l'objet texte.

▒ Pour modifier la présentation de tous les caractères du titre, sélectionnez l'outil  puis cliquez sur le texte concerné. Pour modifier la présentation de certains caractères, faites un double clic dans l'objet texte puis sélectionnez ces caractères par un cliqué-glissé.

▒ Effectuez vos modifications puis cliquez en dehors de l'objet texte.

Modifier la couleur du texte

▒ Sélectionnez l'objet texte ou les caractères concernés.

▒ Cliquez sur le carré **Couleur de l'objet** de l'outil .

*La boîte de dialogue **Sélecteur de couleur** s'affiche.*

- Cliquez sur la couleur désirée ou tapez les valeurs des différentes composantes. La luminosité de la couleur s'obtient en déplaçant la souris de haut en bas, par rapport à l'échelle de gris :

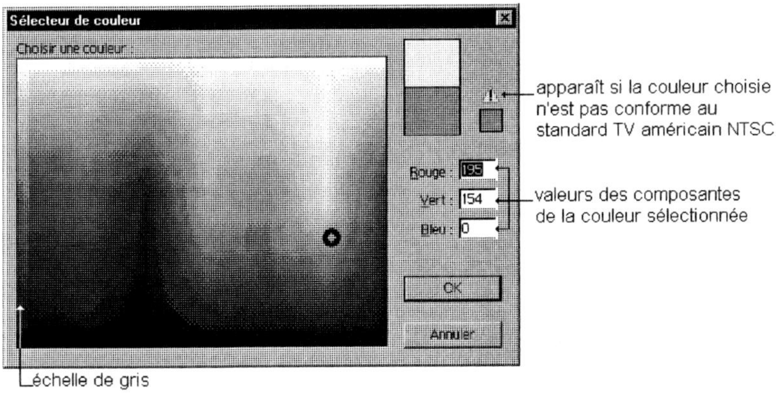

- Cliquez sur **OK**.

⇨ *Pour sélectionner une couleur appartenant à l'image de fond, sélectionnez l'outil*  *puis cliquez sur la couleur dans la fenêtre* ***Titre****.*

Ajouter une ombre

- Sélectionnez l'objet texte ou les caractères concernés.
- Pour faire apparaître une ombre, faites glisser la lettre **T** visible dans la zone **Position de l'ombre**.

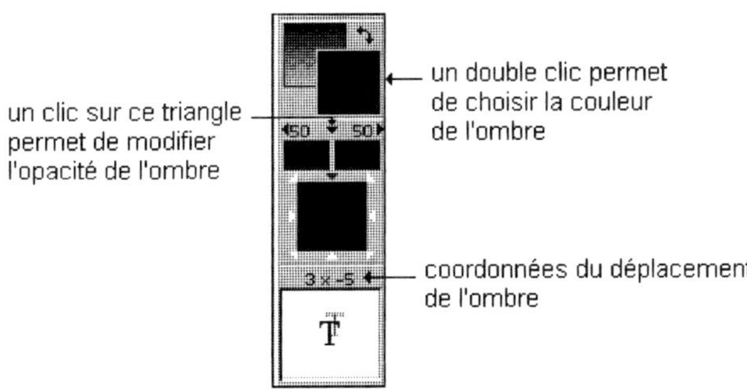

- Pour modifier l'opacité de l'ombre, veillez à ce que le carré **Couleur de l'ombre** soit en avant plan puis cliquez sur le triangle **Transparence générale** :

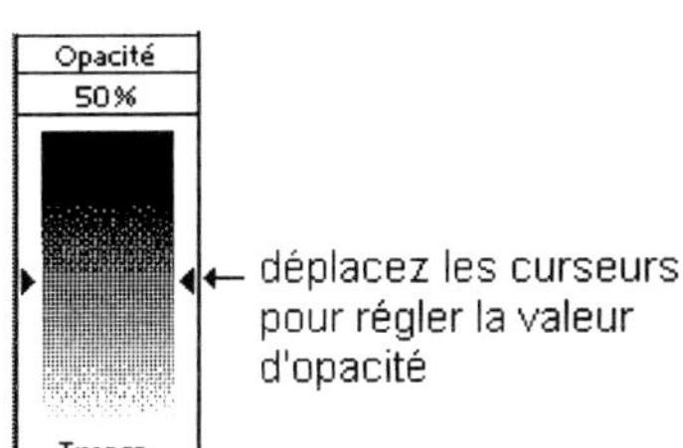

- Pour modifier la dureté de l'ombre, ouvrez le menu **Titre - Ombre** puis choisissez l'option **Simple**, **Pleine** ou **Douce**.
- Pour supprimer l'ombre, faites glisser la lettre **T** en dehors du carré blanc.

⇨ *Pour sélectionner une couleur pour l'ombre appartenant à l'image d'arrière-plan, sélectionnez l'outil* [pipette]*, appuyez sur* [Ctrl] *(PC) ou* [⌥] *(Mac) puis cliquez sur la couleur concernée dans la fenêtre **Titre**.*

Copier des attributs de texte

- Dans la fenêtre **Titre**, saisissez et définissez les attributs de texte.
- Pour que Premiere mémorise vos choix typographiques, cliquez, si besoin est, dans le texte puis utilisez la commande **Titre - Copier le style de type**.
- Pour appliquer ces attributs à un autre texte, saisissez-le et sélectionnez-le puis faites **Titre - Coller le style de type**.

I- Gérer les objets graphiques

- Pour sélectionner un objet, activez l'outil **Sélection** [flèche] puis cliquez sur l'objet à sélectionner. Sur PC, pour sélectionner plusieurs objets, appuyez sur la touche [⇧ Shift] et cliquez sur chaque objet à sélectionner.
- Pour sélectionner tous les objets, utilisez :

Edition	[Ctrl] **A** (PC)
Tout sélectionner	[⌘] **A** (Mac)

- Pour sélectionner l'objet suivant ou précédent, appuyez sur le point (.) ou sur la virgule (,).
- Pour déplacer les objets, sélectionnez-les puis faites-les glisser vers la position attendue ou utilisez les touches fléchées pour les déplacer de pixel en pixel.
- Pour modifier l'ordre de superposition des objets, sélectionnez l'objet à faire passer au premier plan ou à l'arrière-plan puis **Titre - Premier plan** ou **Arrière-plan**.

J- Modifier les objets graphiques

- Pour lisser un polygone, sélectionnez l'objet puis utilisez la commande **Titre - Lisser le polygone**.
- Pour transformer un objet rempli en contour et vice-versa, sélectionnez l'objet puis **Titre - Convertir en plein** ou **Convertir en encadré**.
- Pour copier un objet plein sous forme de contour ou, au contraire, pour copier un objet possédant un contour sous forme d'objet plein, utilisez la commande **Titre - Créer objet encadré** ou **Créer un objet plein** (PC), **Créer objet rempli** (Mac).

  Vous pouvez ensuite sélectionner et déplacer l'objet ainsi créé car il recouvre exactement l'objet d'origine.

- Pour modifier la forme d'un objet, sélectionnez l'objet puis faites glisser une des poignées dans le sens souhaité. Utilisez la touche [Shift] pour appliquer une contrainte aux objets lors de leur modification (l'angle appliqué aux traits est alors obligatoirement un multiple de 45°, les rectangles et les ellipses sont modifiés en carrés et cercles).

K-Placer un titre dans le montage

- Si le fichier de titre n'est pas ouvert, utilisez la commande **Fichier - Importer - Fichier** ([Ctrl] I sur PC ou [⌘] I sur Mac) afin d'importer le fichier de titre (extension .ptl sur PC) dans la fenêtre **Projet**.
  Placez ensuite le titre dans votre montage final en procédant de la même façon qu'un plan et en le positionnant en regard du plan que vous aviez déterminé comme image de fond.
- Si le fichier titre est ouvert, cliquez sur une zone vierge de la zone de titre en dehors de la zone de texte puis faites-la glisser dans la fenêtre **Projet** ou dans la fenêtre **Montage**.
- Modifiez, si besoin est, la durée du titre (cf. 3.1 - R).
- Pour visualiser le film avec le titre, vous devez visualiser les effets : faites glisser le curseur dans la ligne de temps en maintenant la touche [Alt] (PC) ou [⌥] (Mac) enfoncée ou prévisualisez cette partie du film.

⇨ *Les titres sont des images fixes dont la durée est configurée par défaut à 150 images (**Edition - Préférences - Général/Image fixe**). On considère généralement que la durée d'un titre est fonction de son temps de lecture, que vous calibrez en faisant un décryptage oral pas trop rapide. Le temps moyen d'un plan fixe est autour de 4 secondes.*

4.1 Les transitions

A-Découvrir la palette Transitions

- **Fenêtre - Afficher - Transitions**

  *Dans l'espace de travail **Effets**, la palette **Transitions** est automatiquement affichée.*

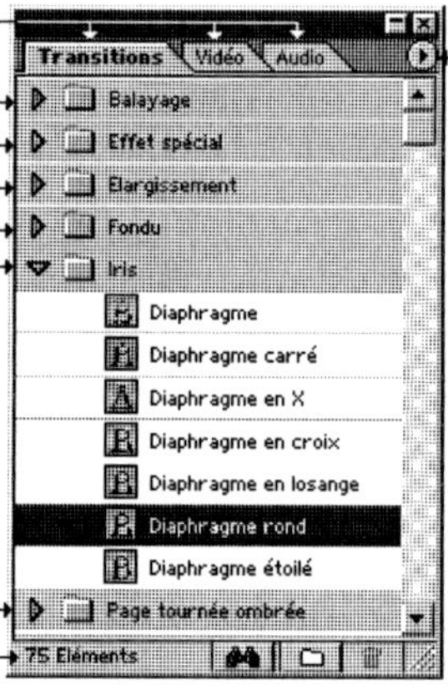

- Pour animer la palette d'effets proposée par Premiere, ouvrez le menu associé à la palette et cochez l'option **Animer**.

  Les icônes bleues se mettent en mouvement et donnent un aperçu des transitions proposées.

- Pour déplacer une transition, faites-la glisser vers le haut ou vers le bas.
- Pour masquer une ou plusieurs transitions, sélectionnez-les (utilisez la touche [Shift] pour sélectionner plusieurs transitions contiguës) puis dans le menu de la palette **Transitions**, cliquez sur **Masquer la sélection**.
- Pour retrouver la ou les transition(s) précédemment masquées, dans le menu de la palette, cliquez sur **Afficher les éléments masqués**.

  L'élément réapparaît mais il est estompé.

- Pour récupérer un effet masqué, sélectionnez-le et cliquez sur **Afficher la sélection** dans le menu de la palette.
- Pour rechercher une transition, dans le menu de la palette, choisissez **Rechercher**. Tapez le nom de la transition et cliquez sur **Rechercher**.

  Premiere ouvre le dossier qui contient la transition recherchée et la sélectionne.

- Cliquez sur **Suivant** pour rechercher l'occurrence suivante. Refermez la boîte de dialogue en cliquant sur **OK** lorsque la recherche a abouti.
- Pour créer un dossier, dans le menu de la palette, choisissez **Nouveau dossier** et donnez-lui un nom dans la boîte de dialogue qui s'affiche.

Le dossier s'ajoute dans la palette ***Transitions****, vous pouvez y ranger des transitions en les faisant glisser.*

- Pour supprimer un dossier personnalisé, sélectionnez-le et choisissez **Supprimer le dossier** dans le menu de la palette. Confirmez la suppression.

  Les transitions qu'il contenait retrouvent leurs dossiers d'origine mais sont estompées.

⇨ *Les effets sont de gros consommateurs de ressources informatiques. Il est recommandé de les utiliser avec parcimonie.*

B-Définir une transition par défaut

- Affichez, si besoin est, la palette **Transitions**.
- Sélectionnez la transition que vous souhaitez définir par défaut.
- Choisissez **Définir par défaut la sélection** dans le menu associé à la palette **Transitions**.

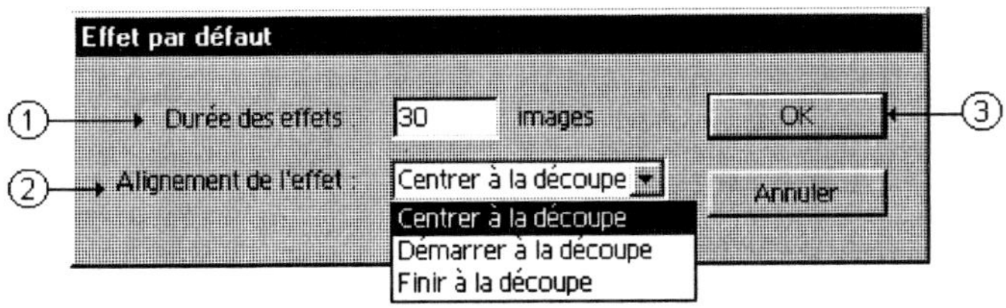

① Précisez la durée de l'effet, en nombre d'images (un fondu enchaîné se fait entre 12 et 75 images).

② Précisez si l'effet démarre au point de coupe, finit au point de coupe ou se répartit également avant et après le point de coupe.

③ Cliquez sur **OK**.

⇨ *Ce paramètre est appliqué à tous les projets jusqu'à ce que vous le modifiez de nouveau.*

C-Ajouter une transition entre deux plans

- Pour appliquer une transition entre deux plans, vérifiez tout d'abord que les plans placés respectivement sur les pistes **Vidéo 1A** et **Vidéo 1B** se chevauchent, puis positionnez la tête de lecture au point où les deux éléments commencent à se chevaucher. Veillez à ce qu'aucun élément ne soit sélectionné dans la fenêtre **Montage**.
- Pour ajouter une transition quelconque, faites-la glisser, de la palette **Transitions** vers la piste **Transition** de la fenêtre **Montage**, au niveau de la zone de chevauchement.

  Pour ajouter la transition par défaut, utilisez :

  Montage — Ctrl **D** (PC)
  Appliquer la transition par défaut — ⌘ **D** (Mac)

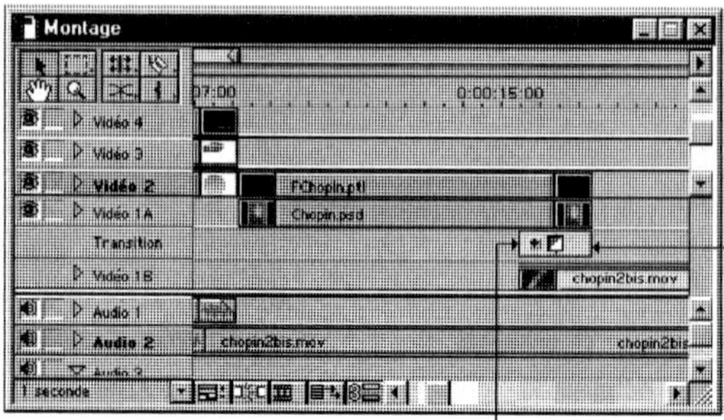

la longueur de la transitiion est automatiquement ajustée à celle de la zone commune aux 2 éléments

la flèche indique le sens de la transition (ici, de la piste Vidéo 1A vers la piste Vidéo 1B)

▒ Pour ajouter la transition par défaut, vous pouvez aussi cliquer sur le bouton [bouton] de la fenêtre **Moniteur** ou veiller à ce que l'outil [outil] soit sélectionné, appuyer sur Ctrl Alt ⇧Shift (PC) ou ⌘ ⇧Shift (Mac) et cliquer sur la piste **Transition** à l'endroit où les deux plans se chevauchent.

⇨ *La piste **Vidéo 1** est la seule piste permettant d'insérer des transitions.*

⇨ *Nous vous rappelons qu'en espace de travail **Montage de piste unique**, les pistes **Vidéo** et **Transition** sont confondues.*

D-Paramétrer une transition insérée dans le montage

▒ Sélectionnez la transition concernée dans la fenêtre **Montage** puis utilisez la commande **Montage - Transition** ou faites un double clic sur la transition dans la fenêtre **Montage**.

*La boîte de dialogue **Attributs** présente quelques variantes en fonction des particularités de la transition choisie.*

▒ Cochez l'option **Afficher les images** pour que les images du film remplacent le A et le B bleus.

fait varier l'instant où la transition commence

fait varier l'instant où la transition se termine

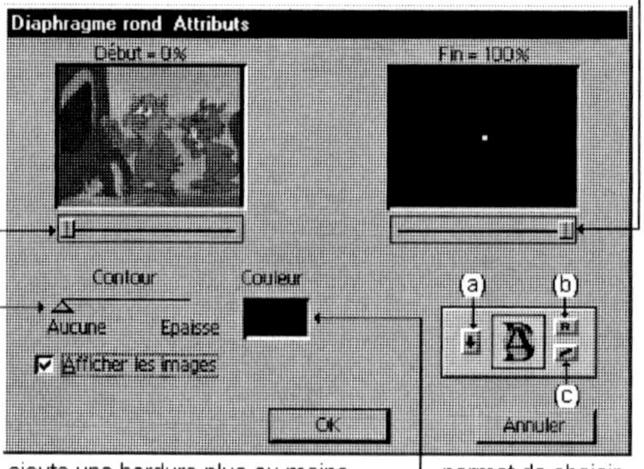

ajoute une bordure plus ou moins épaisse pour certaines transitions

permet de choisir une couleur pour la bordure

(a) permet de permuter l'effet afin qu'il parte de la piste B vers la piste A.

(b) permet d'inverser l'effet. Normalement, il part du centre et va vers l'extérieur, c'est-à-dire qu'il vient en avant (**F**orward). Vous pouvez l'inverser pour qu'il parte des bords de l'image pour aller au centre donc en arrière (**R**eward).

(c) permet d'anticréneler l'effet afin qu'il soit plus ou moins lissé (anti-aliasing).

- Effectuez vos réglages et cliquez sur **OK**.
- Vérifiez que l'effet vous convient.

⇨ *Pour modifier les paramètres par défaut d'une transition, faites un double clic sur la transition visible dans la palette **Transitions**.*

4.2 Les effets spéciaux

A-Réaliser un effet Fade in/Fade out

*Généralement, un film ne commence pas brutalement par une image en plein écran, mais plutôt par du noir qui s'ouvre progressivement sur la première image. Cet effet s'appelle un **Fade in**. De même, un film peut se terminer par un fondu au noir appelé **Fade out**.*

- Pour réaliser une ouverture au noir au début du film (**Fade in**), développez la piste **Vidéo 2**.
- Placez le plan concerné par l'effet sur la piste **Vidéo 2**.

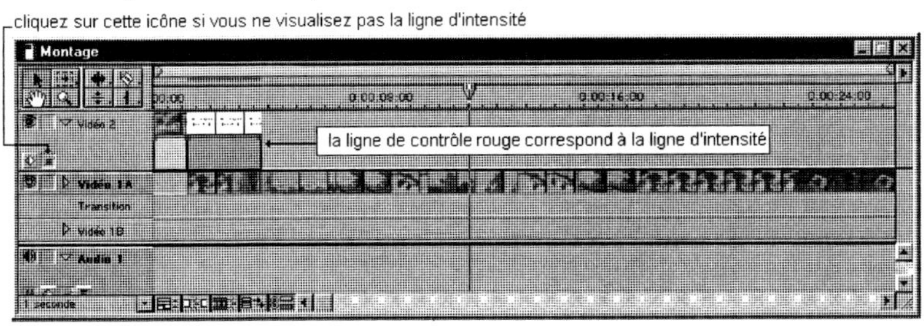

- Pour faire varier l'intensité lumineuse du plan, placez le pointeur de la souris sur la ligne (il prend la forme d'une main à l'index pointé), cliquez pour placer un carré rouge qui servira de repère.

  Le carré rouge divise la ligne d'intensité en deux morceaux ajustables avec la souris.

- Placez, si besoin est, un autre carré en avant ou en arrière de ce repère puis faites glisser la ligne rouge vers le bas.

La ligne se creuse et la luminosité du plan suit les variations de la ligne de 0% à 100%.

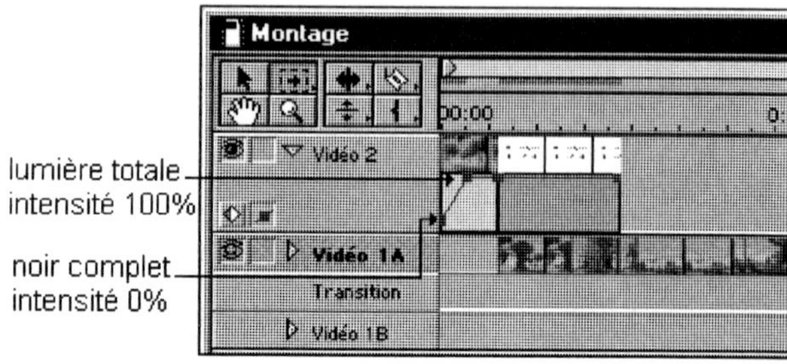

- Pour retirer un point, faites-le glisser en dehors de la zone jaune.
- Vérifiez votre effet : appuyez sur la touche [Alt] (PC) ou [⌥] (Mac) et faites glisser le curseur dans la ligne de temps ou placez la zone de travail à cet endroit et appuyez sur la touche [Entrée].

  Premiere calcule l'effet et vous le restitue. La ligne d'intensité n'est pas obligatoirement régulière, ni complète de la première à la dernière image du plan. Des variations sont possibles pour adapter la ligne au résultat souhaité.
- Pour faire des modulations ou pour arrondir l'effet d'ouverture au noir, placez plusieurs carrés rouges sur la ligne et dessinez une courbe :

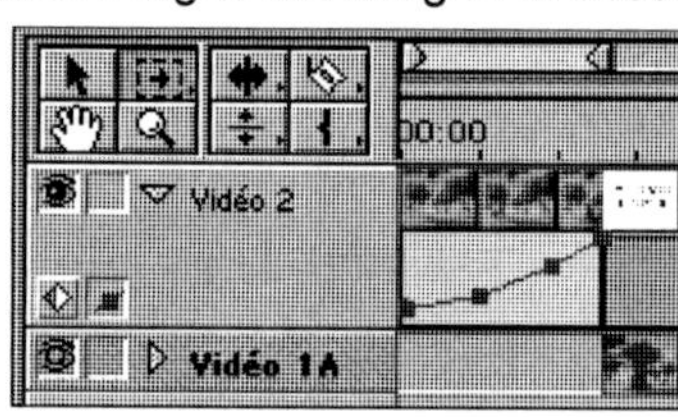

⇨ *Vous pouvez connaître la valeur en pourcentage de luminosité des points placés ou de la ligne d'intensité en appuyant sur la touche [⇧ Shift] et en cliquant sur la courbe ou sur un point. Un petit carré blanc affiche la valeur de luminosité de ce point en pourcentage. La valeur de luminosité du plan peut également être connue par la palette **Infos**.*

B-Réaliser un fondu enchaîné audio automatiquement

- Assurez-vous que vos pistes audio sont déployées et que les sons que vous voulez enchaîner se chevauchent.
- Pour réaliser un fondu enchaîné audio, prenez l'outil **Croix fondue** dans la palette des outils de la fenêtre **Montage** et cliquez sur la piste son dont le son doit décroître, puis sur celle dont le son doit augmenter.

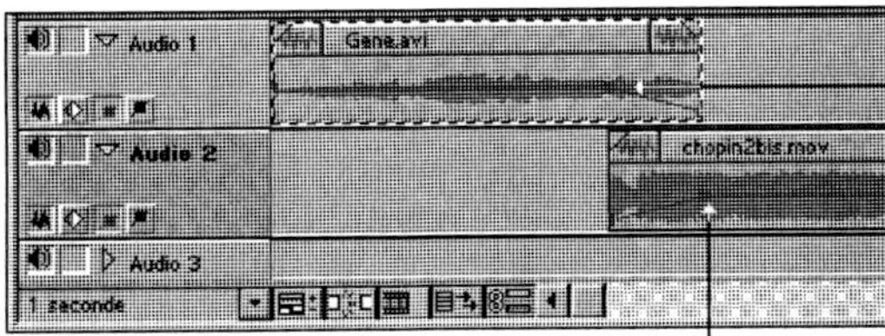

le niveau sonore s'abaisse à partir du point de fondu placé à l'endroit où les deux plans se chevauchent

le niveau sonore augmente jusqu'au point de fondu placé à l'endroit où le plan de gauche se termine

- Lancez la lecture du film pour vérifier que les deux sons se fondent et s'enchaînent sans heurt.

⇨ *Ces points de fondu peuvent être placés manuellement pour une gestion plus précise (cf. ci-après).*

C-Réaliser un fondu audio manuellement

- Calibrez les sons puis faites-les glisser dans la fenêtre **Montage** sur les pistes audio disponibles.
- Pour réaliser un effet Fade in ou Fade out, insérez et positionnez des points de fondu sur la ligne de contrôle de la piste audio comme vous pouvez placer des points de contact sur une piste vidéo.
- Utilisez l'outil  pour poser deux points de fondu consécutifs en entrée et deux points de fondu consécutifs en sortie de plan.
- Activez, si besoin, le mode d'affichage **1 image** pour différencier les points de fondu insérés et déplacez ces points afin de segmenter l'élément audio : vous pouvez ensuite régler le niveau sonore pour chaque segment audio.

⇨ *Lorsque vous effectuez des réglages de niveaux sonores dans la fenêtre **Mixage audio**, Premiere pose automatiquement des points de fondu sur les éléments des pistes concernées (cf. 3.2 - J).*

D-Appliquer un effet à un élément vidéo ou audio

- **Fenêtre - Espace de travail - Effets**
- Activez la palette d'effets audio ou vidéo selon que vous souhaitez appliquer un effet aux images ou au son : **Fenêtre - Afficher les effets audio** (ou **Afficher les effets audio**) ou cliquez sur son onglet.
- Ouvrez une catégorie d'effets et sélectionnez l'effet à appliquer.

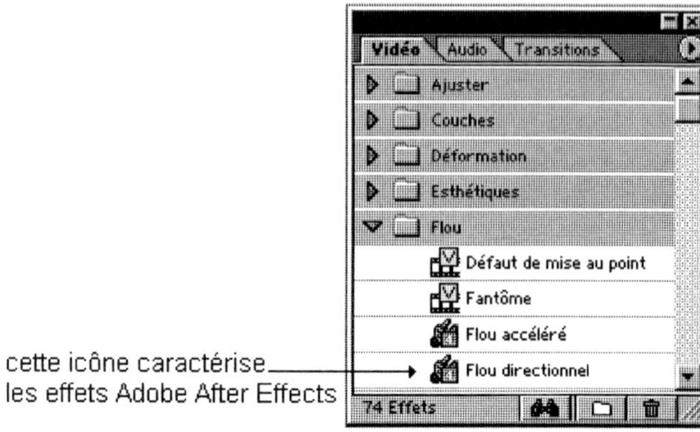

- Faites glisser l'effet sur l'élément concerné.

  *Une barre bleue apparaît dans la fenêtre **Montage**, au-dessus de l'élément concerné. L'effet apparaît dans la palette **Effets**.*

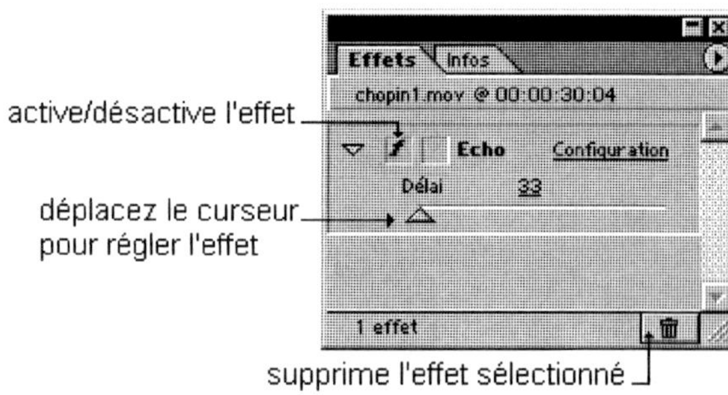

- Dans la palette **Effets**, cliquez sur **Configuration** pour accéder aux paramètres détaillés de l'effet choisi.
- Effectuez les réglages spécifiques à l'effet choisi.
- Pour appliquer des paramètres différents sur différentes parties de l'élément, ajoutez des images clés. Cliquez sur l'icône **Afficher les images clés** , positionnez la tête de lecture aux endroits désirés et cliquez sur la case **Ajouter/Supprimer une image clé** qui apparaît dans la zone de titre de la piste.

  *Un losange blanc se positionne sur la ligne d'effets. Une icône représentant un chronomètre apparaît dans la palette **Effets**.*

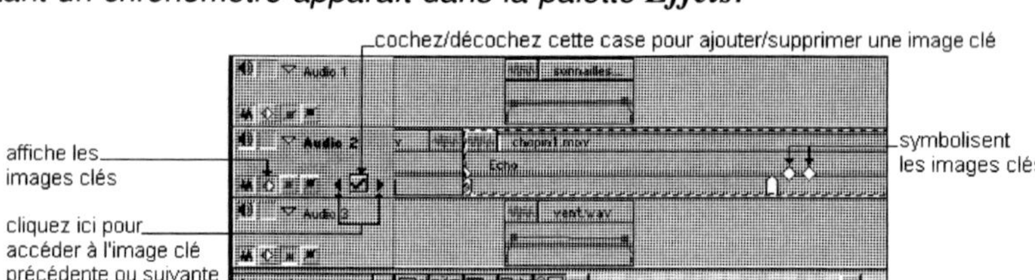

- Pour régler la valeur de l'effet à une image clé donnée, déplacez le ou les curseurs de la palette **Effets** ou cliquez sur **Configuration** pour régler l'effet dans le détail.
- Ajoutez, si besoin est, d'autres effets selon le même principe ; pour modifier l'ordre d'application des effets, déplacez-les dans la palette **Effets**.
- Pour supprimer un des effets, sélectionnez-le dans la palette **Effets** puis cliquez sur le bouton **Supprimer l'effet** [🗑].
- Visualisez ou écoutez l'effet en prévisualisant le film.

⇨ *Un certain nombre d'effets vidéo de Premiere ont été remplacés par des effets After Effects. Les effets obsolètes sont néanmoins conservés afin de permettre la compatibilité avec les projets Premiere 5.x. Ils sont stockés dans le dossier **Obsolète** de la palette **Vidéo**. Pour afficher le dossier des effets obsolètes, ouvrez le menu de la palette **Vidéo** et choisissez **Afficher les éléments masqués**.*

E-Appliquer une trajectoire à un élément

- Sélectionnez l'élément concerné dans la fenêtre **Montage**.
- **Elément** [Ctrl] **Y** (PC)
  Options vidéo [⌘] **Y** (Mac)
  Trajectoire

Description de la fenêtre Trajectoire

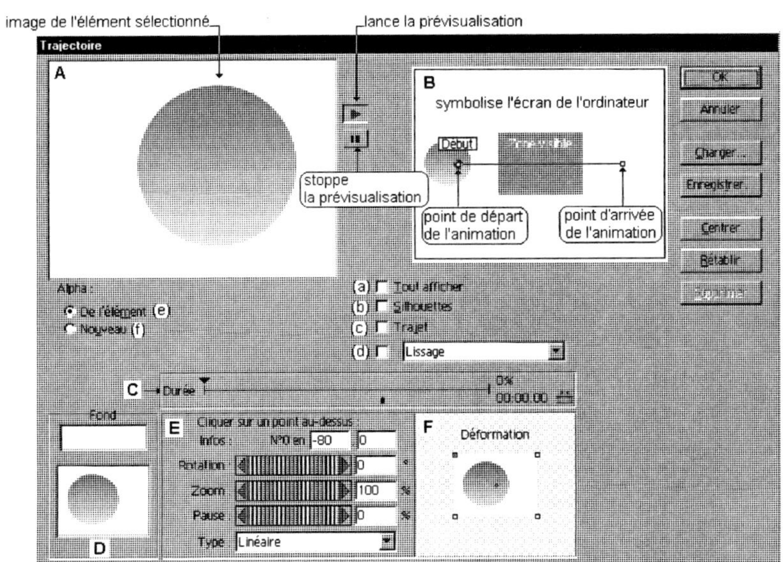

La fenêtre **Trajectoire** est composée de cinq zones :

A contient une prévisualisation du mouvement tel qu'il est défini dans la zone B.

B permet de régler minutieusement la trajectoire de l'objet à déplacer.

C permet la gestion du temps nécessaire au déroulement de la trajectoire.

D détermine la couleur du fond de l'image en dehors de l'élément en mouvement.

E permet de définir les paramètres pour chaque point de l'animation.

F permet de créer d'importantes déformations.

- Activez les options :

(a) pour que tous les éléments de la fenêtre **Montage** apparaissent dans la prévisualisation avec les transitions, effets...

(b) pour faire apparaître des cadres délimitant les différents objets dans la zone B.

(c) pour faire apparaître la trajectoire sous forme de points plus ou moins rapprochés suivant la vitesse.

(d) pour adoucir les brusques changements de direction, de rotation et de déformation.

(e) pour que la fenêtre **Trajectoire** gère la couche **Alpha** de l'image importée si elle provient de Photoshop ou d'Illustrator.

(f) pour que la fenêtre **Trajectoire** gère la couche **Alpha** de l'image nouvellement créée. Cette option ne fonctionne qu'en relation avec le type d'incrustation nommé **Couche Alpha** créé par la boîte de dialogue **Transparence**. Cette couche Alpha se déplace alors avec l'élément lorsque cette option est cochée.

Définir le point de départ et d'arrivée

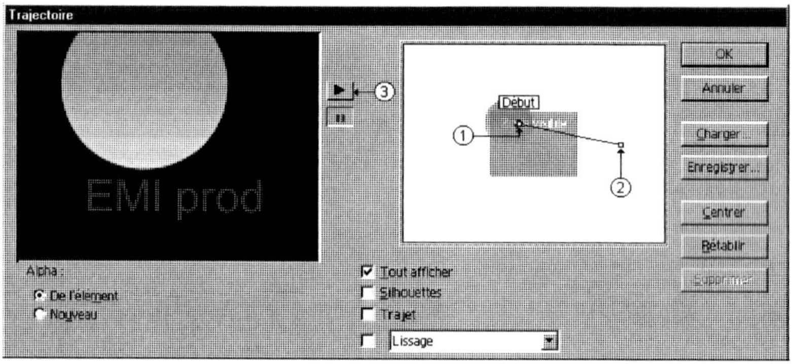

① Cliquez sur le point de départ de la trajectoire et faites-le glisser à l'endroit où vous souhaitez que l'animation commence.

② Cliquez sur le point d'arrivée de la trajectoire et faites-le glisser à l'endroit où vous souhaitez que l'animation s'arrête.

③ Vérifiez vos réglages en lançant un aperçu de l'animation.

Ajouter des points de trajectoire

- Pour ajouter un point de trajectoire, cliquez sur le segment de trajectoire dans la zone B puis faites-le glisser selon la trajectoire souhaitée ou cliquez dans la ligne de temps de la zone **Durée** puis faites glisser le point dans la zone B ou tapez ses coordonnées dans la zone **Infos** :

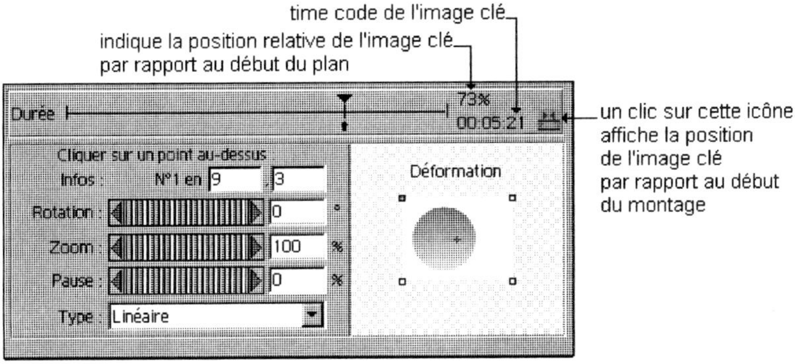

⇨ *Les coordonnées 0,0 correspondent au centre de la Zone visible.*

⇨ *Les valeurs saisies dans la zone **Infos** tiennent compte de la résolution de l'échantillon et du format de sortie du projet. Il est nécessaire de multiplier ces valeurs en fonction de la résolution de sortie. Si la résolution de l'échantillon est de 80 x 60 pixels, le déplacement d'un pixel sur l'échantillon sera de 4 pixels si vous avez opté pour un format de sortie de 320 x 240 ou de 8 pixels pour une résolution de 640 x 480.*

⇨ *Pour supprimer un point de trajectoire, cliquez dessus pour le sélectionner puis tapez* [Suppr] *.*

Modifier une trajectoire

- Pour modifier une trajectoire, cliquez sur un point et faites-le glisser dans le sens désiré ou tapez ses nouvelles coordonnées dans les zones de saisie **Infos**.
- Pour vous déplacer de point en point, cliquez dans la zone B pour l'activer et appuyez sur la touche [⇄] ou sur [⇧ Shift] [⇄].

  Le point sélectionné est entouré de tirets clignotants.
- Pour déplacer le point sélectionné d'un pixel, dans un sens ou dans l'autre, appuyez sur les touches fléchées du clavier [→], [←], [↑], [↓]. Pour déplacer le point de 5 pixels en 5 pixels, appuyez sur les touches fléchées en maintenant la touche [⇧ Shift] enfoncée.

Modifier la vitesse de la trajectoire

- Sélectionnez le point de trajectoire concerné.
- Faites glisser le triangle visible au-dessus de la ligne de temps vers la gauche ou vers la droite. Si vous rapprochez ce point d'un autre point de la trajectoire, la vitesse entre les deux points augmente. Si vous l'éloignez, la vitesse entre les deux points diminue.

▒ Pour donner de l'impulsion à certains mouvements, vous pouvez aussi sélectionner un point, soit sur la ligne de temps, soit dans la zone B puis choisir une des options de la liste déroulante **Type** (**Trajectoire** sur Mac). L'impulsion s'applique au segment de trajectoire qui suit le point.

Appliquer des effets aux points de la trajectoire

▒ Sélectionnez le point concerné en cliquant dessus, soit dans la zone B, soit sur la ligne de temps de la zone **Durée**.

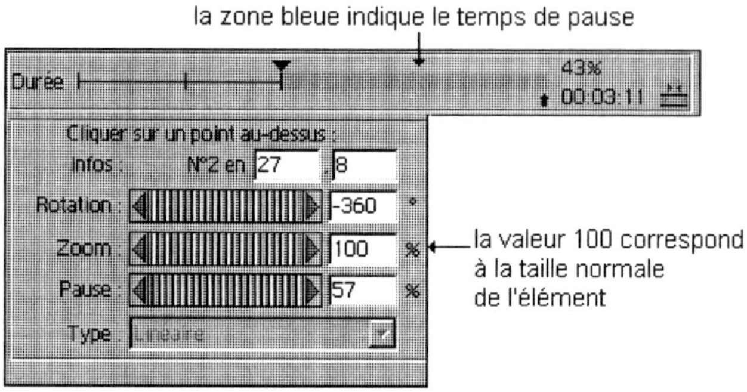

▒ Pour effectuer une **Rotation**, précisez une valeur entre + et - 1440 degrés, ce qui correspond à 8 rotations environ.

▒ Pour augmenter ou diminuer la taille de l'élément, choisissez un pourcentage de **Zoom** entre 0 et 500.

▒ Pour interrompre un mouvement pendant un temps donné, indiquez une valeur en pourcentage dans le champ **Pause** (PC), **Retard** (Mac).

Déformer un objet de la trajectoire

▒ Sélectionnez le point de trajectoire correspondant à l'objet.

▒ Déplacez les poignées visibles dans la zone **Déformation**. Pour faire pivoter l'image autour d'une de ces poignées, appuyez sur la touche [Alt] (PC) ou [⌥] (Mac) et faites glisser la poignée dans le sens souhaité. Pour déplacer l'image entière, faites-la glisser dans la zone **Déformation**.

Enregistrer/charger une trajectoire

▒ Pour enregistrer les paramètres d'une trajectoire, cliquez sur le bouton **Enregistrer** de la fenêtre **Trajectoire**.

▒ Pour réactiver les paramètres enregistrés d'une trajectoire, cliquez sur le bouton **Charger**.

⇨ *Sur PC, les fichiers de trajectoire portent l'extension .pmt.*

Supprimer une trajectoire

▒ Pour supprimer tous les paramètres de trajectoire appliqués à un élément, cliquez sur le bouton **Supprimer** de la fenêtre **Trajectoire**.

F- Créer une superposition d'images

La superposition est un effet intéressant qui permet de montrer en même temps plusieurs plans différents d'une même action.

- Sélectionnez le plan que vous désirez superposer et calibrez-le si besoin. Insérez ce plan dans une piste vidéo, sur une piste supérieure.
- Déployez la piste vidéo supérieure et sélectionnez l'outil **Réglage Fondu**. Cliquez sur la ligne rouge sous le plan choisi et faites-la glisser jusqu'au niveau désiré. Appuyez simultanément sur la touche [⇧ Shift] pour faire apparaître une étiquette qui affiche le niveau de lumière disponible en pourcentage.

cet effet permet de montrer plusieurs plan d'une même action

⇨ *Si le plan superposé possède une bande son, il peut être nécessaire de la supprimer pour éviter un mélange de sons désagréable. Dans ce cas, sélectionnez-la et appuyez sur la touche* [Suppr].

G-Réaliser une incrustation

En graphisme, la transparence permet de faire apparaître une image à travers une autre image. C'est l'opacité qui détermine le niveau de transparence : avec une opacité de 100 %, l'image n'est absolument pas transparente. Avec une opacité de 0 %, l'image est complètement transparente (elle n'est plus visible). Entre les deux, l'image reste visible tout en laissant transparaître les images placées dessous.
Lorsque deux images sont superposées, il est possible de supprimer des pixels de l'image supérieure pour faire apparaître l'image inférieure à la place des pixels supprimés.

- Sélectionnez l'élément concerné sur une piste supérieure (**Vidéo 2** ou supérieure).
- **Elément**
  Options vidéo
  Transparence

  [Ctrl] **G** (PC)
  [⌘] **G** (Mac)

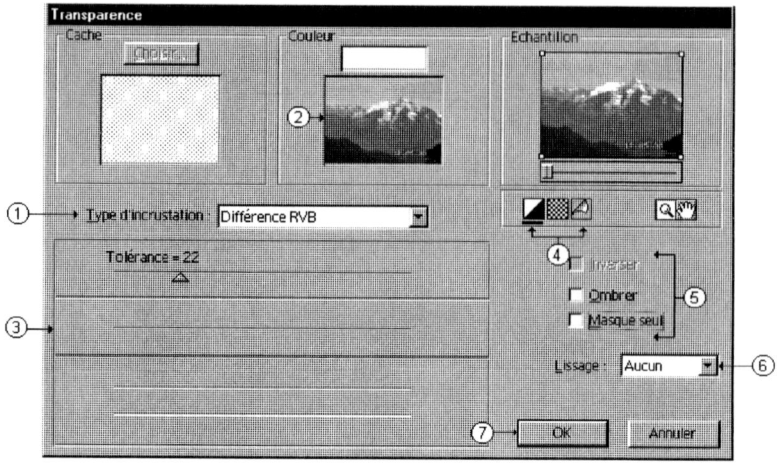

① Choisissez le type d'incrustation que vous souhaitez (les principales incrustations sont détaillées dans les pages qui suivent).

② Si vous avez choisi une incrustation de type **Chrominance** ou **Différence RVB**, pointez cette zone (le pointeur se change en pipette) puis cliquez sur la couleur qui doit être transparente.

③ Effectuez les réglages de couleur et de transparence liés au type d'incrustation choisi (les paramètres des différents types d'incrustation sont détaillés dans les pages qui suivent).

④ Pour visualiser au mieux les zones transparentes, utilisez l'outil :

 pour faire apparaître la zone transparente en blanc (au premier clic) puis en noir (au second clic).

 pour faire apparaître les zones transparentes sous forme de damier noir et blanc (cliquez pour inverser les couleurs).

 pour faire apparaître les images situées sur les autres pistes vidéo.

⑤ Pour appliquer certains effets à l'image, activez les options disponibles :

Inverser pour inverser les zones transparentes et opaques.

Ombrer pour appliquer une ombre aux zones opaques.

Masque seul pour faire apparaître le masque de l'image (les zones transparentes apparaissent en noir, les zones opaques en blanc).

⑥ Si cette option est active, choisissez un lissage **Faible** ou **Fort** pour créer différents niveaux de lissage, choisissez **Aucun** pour créer des lignes nettes, sans anti-aliasing. Le lissage permet d'atténuer les contours de la zone opaque de l'image.

⑦ Validez.

⇨ *L'outil* [loupe] *de la boîte de dialogue* **Transparence** *permet d'agrandir jusqu'à 10 fois l'image initiale. Pour effectuer un zoom arrière, maintenez la touche* [Alt] *enfoncée (*[⌥] *sur Mac) et cliquez sur l'image.*

H-Réaliser une incrustation basée sur la chrominance

Chrominance

L'incrustation **Chrominance** *permet de rendre transparente une couleur ou une gamme de couleurs de l'élément.*

- Sélectionnez l'élément concerné sur une piste supérieure (**Vidéo 2** ou supérieure).
- **Elément**
  Options vidéo
  Transparence

  [Ctrl] **G** (PC)
  [⌘] **G** (Mac)

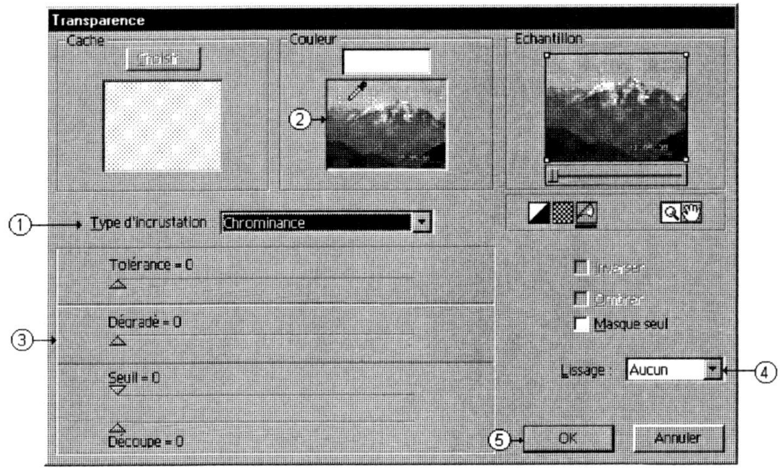

① Sélectionnez le type d'incrustation **Chrominance**.

② Pointez cette zone (le pointeur se change en pipette) puis cliquez sur la couleur qui doit être transparente.

③ Effectuez le réglage de la couleur en surveillant l'image de la zone **Echantillon**, à l'aide des curseurs :

Tolérance pour augmenter ou réduire la plage de couleurs qui sera rendue transparente.

Dégradé pour créer un dégradé plus ou moins important entre l'élément et l'élément sous-jacent.

Seuil pour ajuster le niveau des ombres dans la gamme de couleurs que vous incrustez.

Découpe pour assombrir ou éclaircir les ombres. Une valeur supérieure à la valeur du **Seuil** provoque une inversion des pixels gris et transparents.

TRANSITIONS ET EFFETS SPÉCIAUX

④ Utilisez cette option pour atténuer les contours de la zone opaque de l'image. Choisissez **Faible** ou **Fort** pour créer différents niveaux de lissage. A l'inverse, choisissez **Aucun** pour créer des lignes nettes, sans anti-aliasing.

⑤ Validez.

⇨ *L'incrustation **Différence RVB** est une version simplifiée de l'incrustation **Chrominance** qui ne permet pas de fusionner l'image. Utilisez-la pour des plans placés sur des fonds très lumineux, dépourvus d'ombres. L'option **Ombrer** permet d'ajouter des ombres aux zones opaques.*

Filtre bleu ou Filtre vert

Ces incrustations créent une transparence à partir de la chrominance bleue ou verte et sont utilisées lorsque les images ont été tournées sur un fond bleu ou vert.

- Sélectionnez l'élément concerné sur une piste supérieure (**Vidéo 2** ou supérieure).
- **Elément** **Options vidéo** **Transparence** — Ctrl **G** (PC) / ⌘ **G** (Mac)
- Sélectionnez **Filtre bleu** ou **Filtre vert** dans la liste **Type d'incrustation**.
- Déplacez le curseur **Seuil** vers la gauche jusqu'à ce que le fond bleu ou vert devienne transparent.
- Déplacez le curseur **Découpe** jusqu'à ce que la zone opaque atteigne un niveau satisfaisant.
- Cliquez sur **OK**.

⇨ *L'incrustation **Non rouge** est semblable aux incrustations **Filtre bleu** et **Filtre vert** mais elle permet en plus de fusionner une image avec une image sous-jacente en réglant le **Dégradé**.*

⇨ *Lorsque l'option **Masque seul**, disponible pour les incrustations basées sur la chrominance, est activée, vous créez un simple cache noir et blanc.*

I- Réaliser une incrustation basée sur la luminance

Ce type d'incrustation permet de créer une transparence pour les zones sombres ou pour les zones claires de l'image.

Luminance

*L'incrustation **Luminance** permet de créer une transparence pour les zones sombres et de laisser les couleurs claires opaques.*

- Sélectionnez l'élément concerné sur une piste supérieure (**Vidéo 2** ou supérieure).

- **Elément**
  Options vidéo
  Transparence
  Ctrl **G** (PC)
  ⌘ **G** (Mac)
- Sélectionnez **Luminance** dans la liste **Type d'incrustation**.
- Déplacez le curseur **Seuil** pour définir la plage de valeurs sombres qui deviendront transparentes.
- Visualisez l'effet obtenu dans la fenêtre **Echantillon**.
- Déplacez le curseur **Découpe** pour régler le niveau d'opacité des zones définies par le **Seuil**.
- Cliquez sur **OK**.

Multiplication ou Filtre

*Ces incrustations utilisent une image sous-jacente pour définir quelle partie de l'élément doit devenir transparente. L'incrustation **Multiplication** crée la transparence dans les parties correspondant aux zones claires de l'image sous-jacente, l'incrustation **Filtre** crée la transparence dans les parties correspondant aux zones sombres de l'image sous-jacente.*

- Sélectionnez l'élément concerné sur une piste supérieure (**Vidéo 2** ou supérieure).
- **Elément**
  Options vidéo
  Transparence
  Ctrl **G** (PC)
  ⌘ **G** (Mac)
- Sélectionnez **Multiplication** (ou **Filtre**) dans la liste **Type d'incrustation**.
- Déplacez le curseur **Découpe** pour régler le niveau d'opacité des zones correspondant aux zones les plus claires (ou les plus sombres) de l'élément sous-jacent.
- Visualisez l'effet obtenu dans la fenêtre **Echantillon**.
- Cliquez sur **OK**.

J- Réaliser une incrustation basée sur une couche Alpha

Ce type d'incrustation est utilisé lorsque des images contenant une couche Alpha créée par un logiciel de graphisme sont importées.
Une image RVB est composée de trois images en échelle de gris, une rouge, une verte et une bleue, appelées "couches". La couche Alpha est une couche supplémentaire qui définit les zones transparentes ou semi-transparentes de l'image RVB. La couche Alpha peut être "droite" ou "prémultipliée". Dans le premier cas (comme dans les images créées dans Photoshop) les données concernant la transparence sont enregistrées uniquement sur la couche Alpha. Dans le second cas, les données concernant la transparence sont enregistrées à la fois sur les trois couches de couleur et sur la couche Alpha.

- Sélectionnez l'élément concerné sur une piste supérieure (**Vidéo 2** ou supérieure).

- **Elément** [Ctrl] **G** (PC)
  Options vidéo [⌘] **G** (Mac)
  Transparence
- Dans la liste **Type d'incrustation**, sélectionnez :

Alpha	si l'image contient une couche Alpha droite.
Cache noir alpha	si l'image contient une couche Alpha prémultipliée et si l'arrière-plan de l'élément est noir.
Cache blanc alpha	si l'image contient une couche Alpha prémultipliée et si l'arrière-plan de l'élément est blanc.

Les zones de l'image définies par la couche Alpha deviennent transparentes.

- Visualisez l'effet obtenu dans la fenêtre **Echantillon**.
- Cliquez sur **OK**.

K-Réaliser une incrustation à l'aide de caches

*Ce type d'incrustation utilise une image, généralement une image en niveau de gris, que l'on appelle **cache**, pour masquer certaines zones d'un élément. Les zones qui correspondent aux zones blanches du cache restent opaques ; les zones qui correspondent aux zones noires du cache deviennent transparentes ; les zones qui correspondent aux zones grises du cache donnent des effets de transparence variables.*

Image cache

*L'incrustation **Image cache** utilise une image fixe pour servir de cache.*

- Sélectionnez l'élément concerné sur une piste supérieure (**Vidéo 2** ou supérieure).
- **Elément** [Ctrl] **G** (PC)
  Options vidéo [⌘] **G** (Mac)
  Transparence
- Sélectionnez **Image cache** dans la liste **Type d'incrustation**.
- Cliquez sur le bouton **Choisir** puis recherchez l'image devant servir de cache.
- Cliquez sur le bouton **Ouvrir**.

  *L'image apparaît dans la zone **Cache** de la boîte de dialogue **Transparence**. Certaines zones de l'image apparaissent en blanc ou en noir suivant sa couche Alpha.*
- Pour inverser les zones opaques et transparentes, activez l'option **Inverser**.
- Visualisez l'effet obtenu dans la fenêtre **Echantillon**.
- Cliquez sur **OK**.

Piste cache

Cette incrustation utilise un cache s'appliquant à la fois à un élément de premier plan et à un élément d'arrière-plan. Le cache peut être une image fixe, une image animée ou un élément. Les zones correspondant aux zones blanches du cache restant opaques, elles cachent ainsi les zones de l'élément sous-jacent.

- Pour réaliser cet effet, les plans doivent être ordonnés dans les pistes supérieures : placez l'élément d'arrière-plan sur la piste **Vidéo 1**, l'élément de premier plan sur la piste **Vidéo 2** et l'élément servant de cache sur la piste supérieure **Vidéo 3**.
- Sélectionnez l'élément de la piste **Vidéo 2**.
- **Elément**
Options vidéo
Transparence — Ctrl **G** (PC) / ⌘ **G** (Mac)
- Sélectionnez **Piste cache** dans la liste **Type d'incrustation**.
- Pour inverser les zones opaques et transparentes, activez l'option **Inverser**.
- Visualisez l'effet obtenu dans la fenêtre **Echantillon**.
- Cliquez sur **OK**.

L- Réaliser une incrustation de type Cache différentiel

Parmi les effets de régie couramment utilisés figure le "chroma key" qui permet d'incruster des images les unes dans les autres à partir d'un fond coloré. Ce type d'incrustation permet de remplacer un arrière-plan par une image. Pour réaliser cette incrustation, il est d'abord nécessaire de créer un masque qui permettra de conserver certaines zones de l'image et de remplacer les autres par une image. Pour que l'incrustation soit plus facile à réaliser, vous pouvez placer un cache couleur entre le plan incrusté et le plan à incruster.

- Pour créer un cache de fond, utilisez la commande **Fichier - Nouveau - Cache couleur** ou cliquez sur le bouton en bas de la fenêtre **Projet** et choisissez **Cache couleur** dans la liste **Type de l'objet**.
- Sélectionnez une couleur dans la fenêtre **Sélecteur de couleur** et cliquez sur **OK**. Donnez un nom à votre cache dans la zone de saisie et cliquez sur **OK**.

  *Le cache apparaît dans la fenêtre **Projet**.*
- Préparez le plan qui viendra en incrustation. Sa longueur doit correspondre exactement à l'emplacement choisi.
- Placez les plans sur les pistes supérieures, en respectant l'ordre suivant :

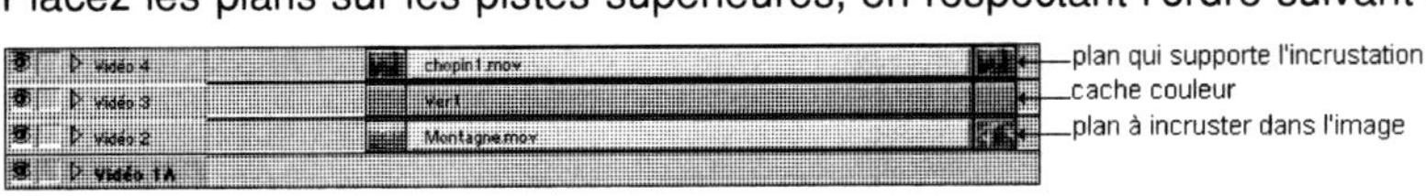

- Ajustez la longueur du cache.

Sélectionnez le plan supérieur dans lequel vous allez réaliser le masque.

Elément Ctrl G (PC)
Options vidéo ⌘ G (Mac)
Transparence

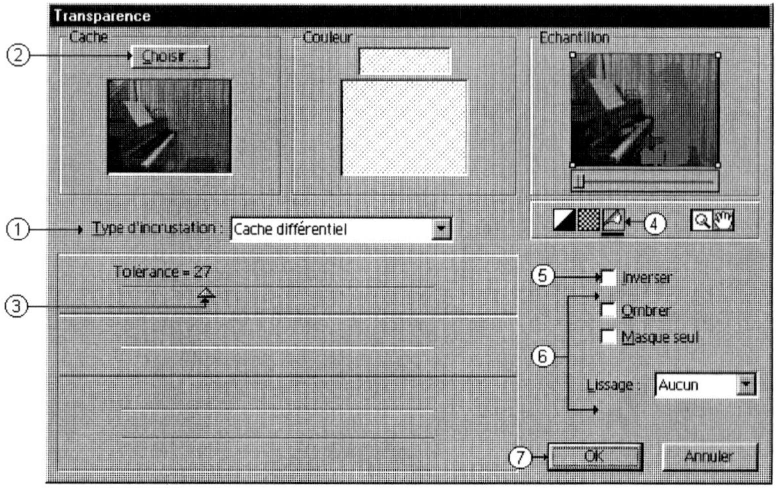

① Choisissez le type d'incrustation **Cache différentiel**.

② Cliquez sur ce bouton pour rechercher le plan qui supporte l'incrustation.

③ Réglez le masque en vous référant à la fenêtre **Echantillon**.

④ Cliquez sur cette icône pour visualiser le cache.

⑤ Cochez cette option si vous souhaitez incruster un fond statique.

⑥ Modifiez, si besoin est, les autres options comme vous pouvez le faire pour n'importe quel type d'incrustation.

⑦ Validez.

Dans la fenêtre **Montage**, supprimez le cache qui est devenu inutile et contrôlez le résultat.

M-Créer un écran éclaté

Placez un des éléments sur une piste vidéo supérieure. Placez le second élément sur une piste contiguë distincte.

Sélectionnez l'élément de la piste supérieure.

Elément Ctrl G (PC)
Options vidéo ⌘ G (Mac)
Transparence

Sélectionnez **Aucun** dans la liste **Type d'incrustation**.

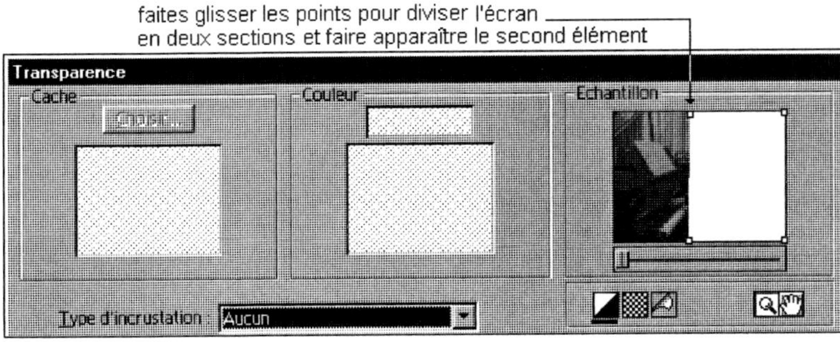

- Cliquez sur **OK**.
- Vérifiez le résultat en prévisualisant le film.

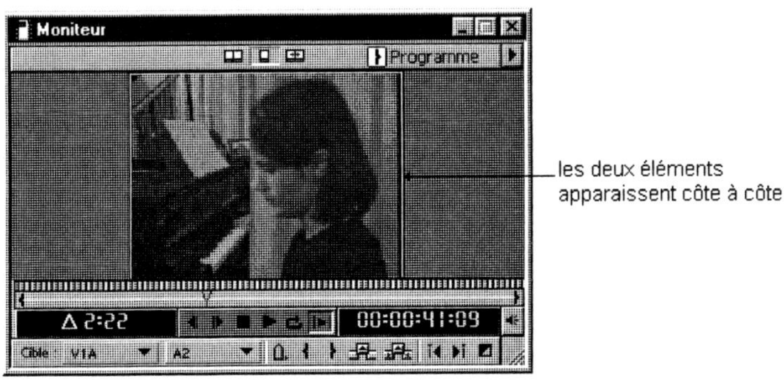

⇨ *Vous pouvez également utiliser ce principe pour créer un cache correcteur afin de masquer les parties superflues d'une image. Faites glisser les points de l'image dans la zone* **Echantillon** *pour éliminer ces parties. Ce cache peut être ensuite incrusté sur un fond.*

N-Copier les attributs d'un plan sur un autre

- Sélectionnez le plan possédant les attributs à copier.
- **Edition**
  Copier — Ctrl C (PC) / ⌘ C (Mac)
- Sélectionnez le plan cible.
- **Edition**
  Coller les attributs — Ctrl Alt V (PC) / ⌘ ⌥ V (Mac)

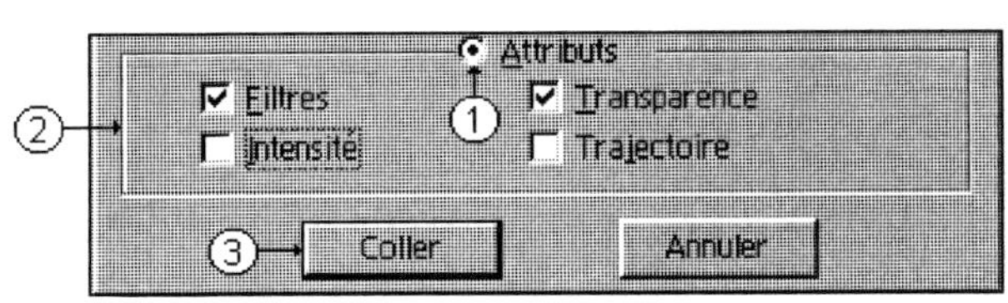

① Activez cette option.

② Choisissez les attributs à copier.

③ Effectuez la copie.

O-Finir par un arrêt sur image

▒ Sélectionnez le plan concerné dans la fenêtre **Montage** : une seule image de ce plan sera visible lors de la visualisation du film.

▒ **Elément - Options vidéo - Arrêt sur image**

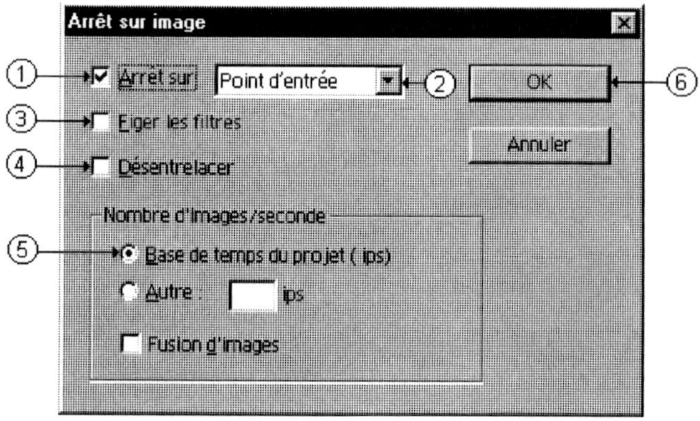

① Activez cette option.

② Sélectionnez le point correspondant à l'image que vous voulez voir apparaître : **Point d'entrée**, **Marque 0** ou **Point de sortie**.

③ Cochez cette option pour empêcher l'exécution des filtres éventuels durant l'arrêt sur image.

④ Cochez cette option pour éviter le scintillement de l'image si le rush est au format vidéo entrelacé.

⑤ Veillez à ce que cette option soit active.

⑥ Validez.

⇨ *Si nombre d'images et paramètres ne correspondent pas, Premiere ajustera le nombre d'images arrêtées à la cadence de défilement du film et l'effet obtenu pourra être légèrement différent de l'effet recherché.*

5.1 L'acquisition vidéo et audio

A-Préparer l'acquisition vidéo

Les rushes étaient, jusqu'à présent, le plus souvent tournés à partir d'une caméra analogique. Pour transférer de la vidéo analogique sur un ordinateur numérique, il est d'abord nécessaire de compléter son équipement informatique en ajoutant une carte d'acquisition vidéo au système. Différentes cartes, avec des caractéristiques spécifiques, existent sur le marché. Premiere reconnaît la plupart de ces matériels et intègre des modules logiciels particuliers écrits par les fabricants pour contrôler le type spécifique de la carte. Les qualités d'une carte concernent le respect du signal envoyé par la source vidéo (pour l'Europe le PAL et le SECAM en 25 images ou 50 trames de 720 x 576 pixels par seconde) et l'enregistrement des données sans perte sur le disque dur. Dans la plupart des cas, les paramètres de contrôle de la carte sont accessibles dans Premiere, même si une grande partie du traitement vidéo s'effectue sur la carte elle-même.

Lorsque vous installez une carte, ses caractéristiques s'affichent dans le menu prédéfini au lancement de Premiere, dans la boîte de dialogue ***Chargement des paramètres du projet****.*

- Choisissez la configuration qui vous convient et cliquez sur **OK**.

Si le périphérique de lecture (magnétoscope ou caméra) n'est pas allumé ou s'il n'est pas correctement branché, Premiere vous le signale.

- Pour accéder aux paramètres de réglage de l'acquisition : **Projet - Réglages du projet - Acquisition**.

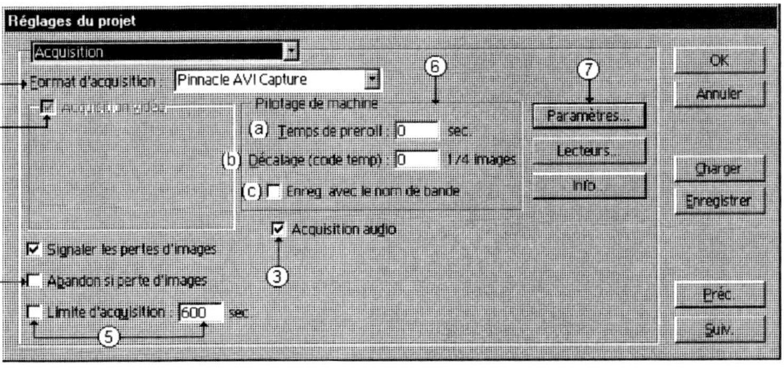

① Sélectionnez le format de fichier de votre programme vidéo ; les options disponibles dans la boîte de dialogue **Acquisition** et celles qui s'affichent lorsque vous cliquez sur le bouton **Paramètres** changent en fonction du format choisi.

② Vérifiez que cette option est cochée.

③ Cochez cette case pour activer l'acquisition audio.

④ Activez cette option si vous souhaitez que l'acquisition vidéo soit automatiquement interrompue dès qu'une image est perdue lors de la numérisation d'un élément.

Si vous avez choisi le format QuickTime, activez l'option **Signaler les pertes d'images** si vous souhaitez être informé en cas de perte d'au moins une image lors de la numérisation d'un élément.

⑤ Pour limiter la durée de chaque acquisition, activez cette option puis précisez en secondes, la durée maximum de l'acquisition au cours d'une session d'acquisition vidéo.

⑥ Les options de ce cadre ne sont disponibles que si vous possédez une installation permettant le couplage de votre ordinateur aux appareils vidéo, c'est alors l'ordinateur qui pilote les opérations comme dans les installations professionnelles. Dans ce cas, définissez les options suivantes :

(a) pour synchroniser le déroulement régulier de la bande vidéo avec l'ordinateur, spécifiez à combien de secondes avant le point d'entrée, Premiere doit placer la bande avant de commencer l'enregistrement.

(b) précisez de combien de quarts d'images le code temporel incrusté sur la vidéo capturée doit être décalé pour correspondre à l'image correcte sur la bande originale.

(c) cochez cette option pour utiliser le nom de bande (précisé par le script pendant le tournage) spécifié dans la liste d'acquisition.

⑦ Cliquez sur ce bouton pour accéder aux réglages propres à votre carte de numérisation.

Format vidéo règle la taille de l'image et des paramètres de compression. Il est nécessaire de vous reporter à la notice explicative qui accompagne votre propre carte d'acquisition.

Entrée vidéo détermine la manière dont votre caméra ou votre magnétoscope est branché sur la carte d'acquisition et le type de signal vidéo qui entre dans la carte.

Affichage vidéo règle l'affichage de la vidéo dans l'écran informatique pendant l'acquisition.

Compression les paramètres de compression sont délicats à régler. L'objectif consiste à appliquer le taux de compression qui permettra au film de rester dans les limites du débit choisi (mais pas trop en dessous). Si vous appliquez une compression trop faible, le débit sera trop élevé pour le système et provoquera des pertes d'images. Si vous appliquez une compression trop forte, provoquant ainsi une trop grande réduction du débit, la qualité de l'image risque de souffrir inutilement.

▒ Validez vos paramètres et refermez la fenêtre **Réglages du projet**.

- Avant de commencer la numérisation, vérifiez l'espace disponible sur votre disque dur. Pour spécifier plusieurs disques de travail, utilisez la commande **Edition - Préférences - Disques de travail/Pilotage de matériel**.

⇨ *Pour une efficacité maximale, stockez Premiere ainsi que votre système d'exploitation sur un disque dur et capturez la vidéo sur un disque dur supplémentaire certifié AV sur lequel aucun autre élément n'est stocké.*

B-Réaliser une acquisition vidéo analogique sans pilotage du magnétoscope ou du caméscope

- Pour capturer de la vidéo à partir d'un magnétoscope ou d'un caméscope ordinaire, après avoir défini les paramètres d'acquisition, utilisez la commande **Fichier - Acquisition - Acquisition vidéo**.

  *La fenêtre d'acquisition apparaît ainsi qu'un menu de réglages supplémentaires nommé **Acquisition vidéo**.*
- A l'aide des fonctions du magnétoscope ou du caméscope, faites défiler la bande vidéo jusqu'à l'endroit où vous souhaitez commencer l'acquisition. Prévoyez avant cet endroit suffisamment de temps pour que la bande atteigne la vitesse correcte.
- Appuyez sur le bouton **Lecture** de votre caméscope ou de votre magnétoscope puis cliquez simultanément sur le bouton **Enregistrer** de la fenêtre **Acquisition vidéo**.
- Lorsque vous atteignez l'endroit où vous souhaitez arrêter l'acquisition, attendez quelques secondes afin de laisser un peu de place pour le montage, puis cliquez à l'aide de la souris pour arrêter l'enregistrement.

  *L'élément capturé s'affiche dans une fenêtre **Elément**. A ce stade, il existe sous forme de fichier temporaire sur le disque de travail spécifié pour l'acquisition.*
- Assurez-vous que la fenêtre **Elément** contenant l'élément capturé est active puis faites **Fichier - Enregistrer sous**.
- Spécifiez un emplacement et un nom de fichier puis cliquez sur **Enregistrer**.

⇨ *Si vous disposez du format DV connecté au bus FireWire, vous pourrez piloter votre magnétoscope à partir de Premiere (cf. 5.1 - D).*

C-Réaliser une acquisition vidéo numérique

Le format vidéo numérique s'implante doucement sur le marché en remplacement des caméscopes traditionnels. Le nouveau format vidéo numérique (DV) contient des données vidéo et audio compressées sous forme de code binaire, identique à celui qu'utilisent les ordinateurs. Il est néanmoins nécessaire de les capturer dans un fichier sur le disque dur.

- Cinq formats sont en présence aujourd'hui :

DIGITAL VIDEO Format numérique 1/4" grand public issu d'une alliance industrielle entre une cinquantaine de sociétés dont Matsushita, Philips, Sony, Thomson etc. Ce format met en oeuvre une réduction de débit de taux 5:1 opérant à l'intérieur de chaque image ou de chaque trame particulièrement efficace au cours des mouvements rapides de caméra. Les cassettes sont munies d'une puce de 4 Ko permettant de stocker un catalogue des images enregistrées.

DVCAM Format institutionnel du DV proposé par Sony. Les caractéristiques sont en tous points identiques à l'exception de la vitesse de défilement de la bande qui est accrue de 50% pour diminuer la densité d'enregistrement. La compatibilité est ascendante. La taille mémoire de la puce est de 16 Ko.

DVCPRO Format Broadcast du DV proposé par Panasonic. Il se distingue du DV en cinq points fondamentaux : une vitesse de défilement de la bande et des largeurs de pistes plus importantes, des bandes recouvertes d'un alliage métallique spécifique, l'utilisation de deux pistes longitudinales pour l'asservissement et le repérage audio, la compression particulière du signal, des cassettes de taille différente.

DIGITAL-S Format numérique 1/2" dérivé du traditionnel VHS proposé par JVC. Même mécanisme de transport, même dimension de cassette mais avec un nouveau système de fermeture qui rend impossible la compatibilité.

BETACAM SX Format numérique 1/2" dérivé du Betacam SP proposé par Sony ; c'est le format numérique Broadcast utilisé par les télévisions.

- Les images peuvent être transférées sur votre ordinateur en utilisant une carte spécifique de type Fast DV.now qui possède cinq connexions en entrée dont l'accès au port FireWire de votre ordinateur. Cette carte peut capturer un format DV ou un format analogique en PAL ou en NTSC avec un taux de compression de 5:1. Elle permet de récupérer les informations de time code et de son. L'enregistrement se fait sur l'ordinateur sans limitation de durée. Si votre ordinateur possède un port FireWire (IEEE-1394) libre et qu'il dispose d'un codec DV, l'acquisition de vidéo numérique à partir d'une caméra numérique consiste en un simple transfert de fichiers vers l'ordinateur. Premiere prend en charge les codecs DV et lit les vidéo source numériques sans nécessité de conversion.

- Les caméras numériques compressent les données vidéo afin d'en faciliter le traitement et le stockage dans l'appareil. En dépit de cette compression, la qualité de la vidéo numérique surpasse le SVHS. En outre, tout comme avec un fichier informatique, il est possible d'effectuer des copies d'un programme vidéo de haute qualité sans dégradation notable tandis qu'avec la vidéo analogique, les copies de copies de l'original présentent rapidement une dégradation sensible de la qualité.

- Pour importer dans Premiere de la vidéo à partir d'une caméra numérique, connectez la caméra à un port FireWire IEE 1394 de l'ordinateur.

D-Réaliser une acquisition avec pilotage du magnétoscope ou du caméscope numérique (DV)

Si vous disposez du format DV connecté au bus FireWire vous pourrez piloter votre magnétoscope à partir de Premiere. Lors de l'acquisition, ce système permet de définir les points d'entrée et de sortie afin que seule la séquence correspondante soit numérisée.
La place sur le disque dur étant limitée, il convient de ne numériser que les séquences utiles. Avant cette opération, le monteur doit avoir pris connaissance des rushes pour éliminer ce qui lui semble inutile et ne conserver que le matériau nécessaire à la réalisation du film. En fonction de ce travail, il y a plusieurs manières de procéder.

- Vérifiez le pilotage du magnétoscope en utilisant la commande **Edition - Préférences - Disques de travail/Pilotage de matériel**.
- Sélectionnez le système de pilotage dans la liste déroulante **Matériel**. Le bouton **Options** permet de définir des options supplémentaires associées à votre système de pilotage.
- Cliquez sur le bouton **OK**.
- **Fichier - Acquisition - Acquisition vidéo**

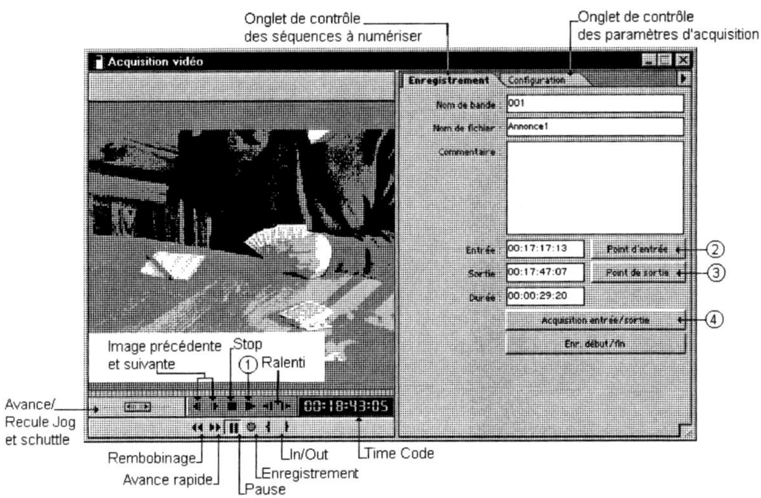

L'acquisition se fait au fur et à mesure de la lecture de la bande.

① Démarrez la lecture.

② Au point In, cliquez sur ce bouton : le time code se met en mémoire.

③ Au point Out, cliquez sur ce bouton : le time code se met en mémoire.

④ Lancez l'enregistrement.

Le magnétoscope revient quelques secondes avant le point d'entrée. Il se met en lecture. Au point In, il signale qu'il passe en enregistrement et contrôle la qualité de la numérisation notamment pour ne pas perdre d'images. Au point Out, il achève la numérisation et ouvre une fenêtre dans laquelle vous entrez les informations que vous souhaitez.

- Si des images sont perdues, appuyez sur la touche Echap, annulez l'acquisition et recommencez jusqu'à l'obtention d'un résultat correct. Si vous n'y parvenez pas, diminuez les caractéristiques d'acquisition (la taille de l'image par exemple). Vous pouvez également cocher la case **Abandon si perte d'images** dans la fenêtre **Projet - Réglages du projet - Acquisition.**
- Pour réaliser l'acquisition sur des points préalablement relevés, dans la zone du time code, tapez le temps relevé et appuyez sur la touche Entrée.

Le magnétoscope va se positionner au temps demandé.
*Les éléments que vous avez numérisés deviennent des rushes. Ils sont rangés par défaut dans le dossier Adobe Premiere. Pour que vous puissiez démarrer immédiatement votre montage, vos rushes sont disponibles dans un chutier dans la fenêtre **Projet.***

E-Réaliser une acquisition audio

Pour monter votre film, vous êtes souvent obligé de faire appel à des sons (bruitages, musiques) qui ne sont pas au format numérique. Il vous faut nécessairement les capturer à l'aide de Premiere et de la carte d'acquisition audio ou vidéo appropriée. Premiere peut capturer des données audio séparément ou en les synchronisant sur la vidéo source.

- **Fichier - Acquisition - Acquisition audio**

Premiere cherche le logiciel qui permet de lire les sons en provenance d'une source quelconque (magnétophone, cédérom, disque laser...).

⇨ *Vous pouvez utiliser le programme d'acquisition audio de votre choix ou l'**Enregistreur de sons** de Microsoft Windows pour capturer les données audio sous forme de fichiers son (.wav) puis importer ces derniers dans Premiere.*

⇨ *Sur Mac, vous pouvez importer directement une piste d'un CD audio.*

F-Travailler off line

La technique de montage off line consiste à effectuer le montage de la vidéo à partir de rushes numérisés en basse résolution. Une fois le montage terminé, le film peut être finalisé soit sur un système vidéo haut de gamme (vous devez alors créer une liste de points de montage (EDL)) soit dans Premiere en remplaçant les rushes basse résolution par des rushes haute résolution.

Principe du montage off line pour une finalisation sur système haut de gamme

- Effectuez le montage dans Premiere à partir de rushes numérisés en basse résolution. Ces rushes peuvent provenir d'une acquisition en série (cf. 5.1 - H).
- Créez l'EDL : la liste des points de montage (cf. 5.1 - G).
- Exploitez cette liste sur système haut de gamme : appliquée aux rushes d'origine qui sont en haute résolution, elle permet de produire rapidement la vidéo finale.

Principe du montage off line pour une finalisation dans Premiere

- Effectuez le montage dans Premiere à partir de rushes numérisés en basse résolution. Ces rushes peuvent provenir d'une acquisition en série.
- Pour remplacer les rushes basse résolution par les rushes haute résolution, vous pouvez utiliser la commande **Projet - Remplacer les éléments** ou utiliser la liste d'acquisition créée après conformation du projet si vous préférez intégrer les rushes haute résolution à l'aide d'une acquisition en série (cf. 5.1 - H).

G-Créer une liste de points de montage (EDL)

Cette liste est indispensable lorsqu'on utilise la technique du montage off line pour une finalisation sur système haut de gamme. Une EDL contient des informations de montage et des informations telles que les noms des éléments d'origine, les points d'entrée et de sortie de ces éléments. Plusieurs formats d'exportation sont disponibles dans Premiere, pour assurer la compatibilité avec différents contrôleurs de montage.

- **Fichier - Exporter le montage - EDL**
- Choisissez le type de machine qui équipe les régies vidéo de votre prestataire.

Cette liste est transférée vers un système de montage haut de gamme ; les séquences de montage définies sous Premiere sont alors appliquées aux éléments originaux numérisés en haute résolution. Ainsi, le travail de montage réalisé sur la station de travail bas de gamme est utilisé pour produire la version finale sur station de travail professionnelle coûteuse, mais louée peu de temps.

H-Réaliser une acquisition en série

Si votre ensemble informatique est configuré pour le pilotage automatique des magnétoscopes et que vous disposez de rushes sur lesquels sont enregistrés les codes temporels, vous pouvez configurer Premiere de façon à ce que l'acquisition de plusieurs éléments figurant sur la même bande se fasse automatiquement sans aucune intervention de votre part. Vous devez tout d'abord disposer d'une ***liste d'acquisition****. Celle-ci peut être créée de trois façons :*

Créer une liste d'acquisition manuellement

- **Fichier - Acquisition - Acquisition en série**
- Enregistrez la liste d'acquisition par **Fichier - Enregistrer sous**.
- Cliquez sur le bouton  de la fenêtre **Acquisition en série**.
- Entrez le **Nom de bande** concernée.
- Précisez le **Nom de fichier** à attribuer à la première séquence numérisée.
- Précisez un éventuel **Commentaire de dérushage**.
- Précisez les points d'entrée et de sortie de la première séquence à numériser.
- Sélectionnez la cadence de la bande vidéo, soit **25 ips** pour le système européen, dans la liste déroulante **Images/seconde**.
- Cliquez sur **OK**.
- Indiquez de la même façon chaque séquence à numériser puis cliquez sur **OK**.
- Enregistrez la liste d'acquisition par **Fichier - Enregistrer**.

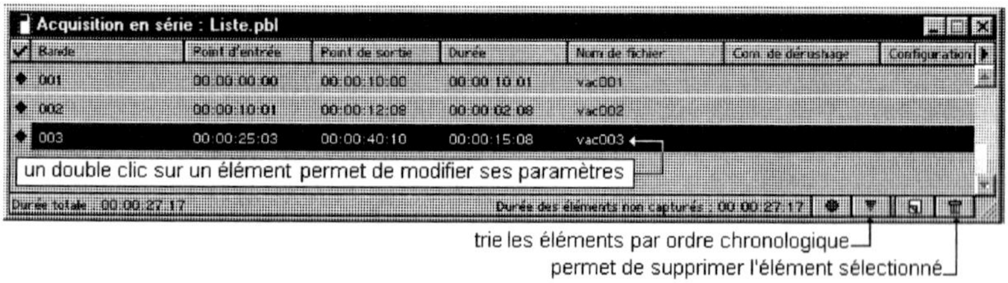

⇨ *Sur PC, la liste d'acquisition porte l'extension .pbl.*

Créer une liste d'acquisition à partir d'un système de pilotage

- **Fichier - Acquisition - Acquisition vidéo**
- Précisez, si besoin est, le nom de la bande.
- Définissez le début et la fin de la première séquence à numériser à l'aide des boutons **Point d'entrée** et **Point de sortie** (**In** et **Out**).
- Cliquez sur le bouton **Enr. Début/Fin**.
- Précisez le nom du fichier correspondant à la séquence et ajoutez éventuellement un commentaire puis cliquez sur **OK**.
- Reprenez ces manipulations pour chaque séquence à numériser.

- Enregistrez ensuite la liste d'acquisition à l'aide de la commande **Fichier - Enregistrer**.

Créer une liste d'acquisition en vue de renumériser les éléments d'un projet

- Ouvrez le projet concerné.
- **Projet - Utilitaires - Conformation de projet**
- Cochez la case **Créer une liste d'acquisition conformée** et laissez décochée la case **Copier les éléments source conformés**.
- Précisez le nombre d'images à conserver avant et après les points d'entrée et de sortie puis cliquez sur **Créer le projet**.
- Indiquez le nom du projet conformé puis celui de la liste d'acquisition.

⇨ *Vous pouvez aussi ouvrir une fenêtre **Acquisition en série** par **Fichier - Acquisition - Acquisition en série** puis faire glisser les éléments concernés de la fenêtre **Projet** vers la fenêtre **Acquisition en série**. Enregistrez ensuite la liste d'acquisition.*

Effectuer l'acquisition

- Ouvrez la liste d'acquisition par **Fichier - Ouvrir**.

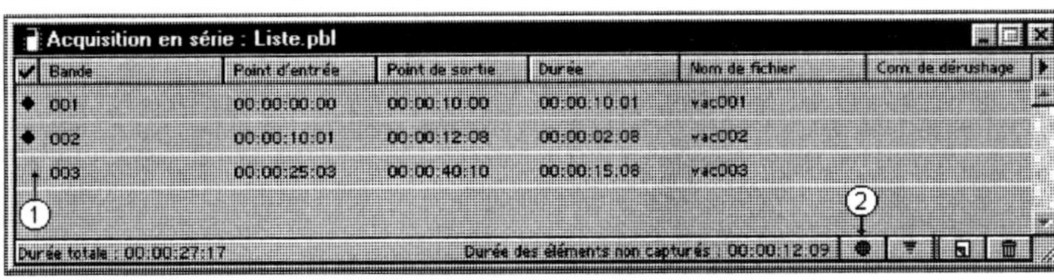

✔	Bande	Point d'entrée	Point de sortie	Durée	Nom de fichier	Com. de dérushage
◆	001	00:00:00:00	00:00:10:00	00:00:10:01	vac001	
◆	002	00:00:10:01	00:00:12:08	00:00:02:08	vac002	
	003	00:00:25:03	00:00:40:10	00:00:15:08	vac003	

① Cliquez dans cette colonne pour marquer d'un losange les éléments à numériser.

② Démarrez l'acquisition.

- Sélectionnez le dossier dans lequel seront placées les séquences numérisées puis cliquez sur **OK**.

  Le losange est remplacé par une coche ; s'il y a eu un problème lors de la numérisation, c'est une croix qui apparaît.

I- Réalisez une acquisition image par image

L'acquisition image par image permet de capturer des images par intermittence, à l'aide d'une caméra connectée à votre ordinateur ou à partir d'une bande chargée dans un caméscope. C'est une fonction souvent utilisée actuellement sur l'internet.

- **Fichier - Acquisition - Image par image**
- Dans la liste déroulante **Type**, choisissez :

Image fixe pour ne capturer qu'une seule image.

Acquisition manuelle si vous souhaitez contrôler la prise des images en cliquant sur le bouton **Acquisition** de la fenêtre **Image par image**.

Intermittent si vous souhaitez capturer les images à intervalle régulier.

- Dans les zones **Taille**, vous pouvez donner une taille aux images que vous allez capturer. La case **contraind** permet d'ajuster les valeurs au rapport hauteur/largeur utilisé par la carte d'acquisition.
- Dans le champ **La séquence finale va être**, donnez une valeur qui définit le nombre d'images par seconde que vous désirez capturer. Si vous avez sélectionné **Intermittent**, spécifiez une valeur et sélectionnez une unité de temps dans les zones **Acquisition** et **images par**. Vous pouvez également limiter le nombre d'images capturées en sélectionnant **Limite d'acquisition** et en spécifiant le nombre maximum d'images à capturer.
- Dans le champ **Espace disque minimal**, tapez une valeur fixant le niveau minimum d'espace disque nécessaire pour que Premiere continue l'acquisition image par image. Au dessous de cette valeur, Premiere interrompra automatiquement l'acquisition.
- Le bouton **Paramètres** permet d'accéder aux réglages que vous avez fournis au lancement de Premiere.
- Si vous aviez précédemment sélectionné l'option **Acquisition manuelle**, cliquez sur **Début** pour démarrer puis cliquez sur **Avance** chaque fois que vous souhaitez capturer une nouvelle image. Pour capturer un nombre d'images précis, vous pouvez également appuyer sur la touche correspondante du pavé numérique ; la touche [Suppr] permet de supprimer la dernière image capturée.

  Si vous aviez sélectionné l'option **Intermittent**, cliquez sur **Démarrer**. Pour arrêter l'acquisition, cliquez sur **Arrêter**.

  Si vous aviez sélectionné l'option **Image fixe**, attendez que l'image qui vous intéresse s'affiche puis cliquez sur **Acquisition**.
- Pour terminer, choisissez **Enregistrer** et spécifiez un emplacement et un nom de fichier puis cliquez sur **OK**.

5.2 L'exportation

A-Exporter un montage

Les paramètres d'exportation dépendent du matériel et de l'environnement à partir desquels sera lue la vidéo : cédérom, disque dur, Internet, intranet...

- Veillez à ce que la fenêtre **Montage** soit active. Pour exporter une partie du projet, définissez la zone de travail sur cette partie.

- **Fichier**
  Exporter le montage
  Vidéo

  Ctrl **M** (PC)
  ⌘ **M** (Mac)

- Dans la boîte de dialogue **Exporter la séquence**, accédez au dossier de destination, précisez le **Nom** de la vidéo puis cliquez sur le bouton **Paramètres** (PC), **Réglages** (Mac).

  La procédure d'exportation reprend les paramètres associés au projet. Toutefois, ils ne sont pas mis à jour lorsque vous travaillez sur votre projet ; il est donc souhaitable de s'assurer que tous les paramètres d'exportation sont définis correctement.

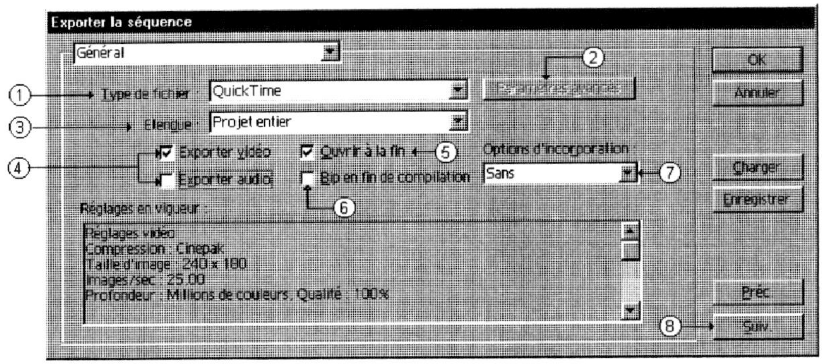

① Choisissez le format de fichier que vous voulez créer :

Microsoft AVI ou **QuickTime**	pour réaliser une vidéo sur cédérom.
Microsoft DV AVI	si vous souhaitez enregistrer votre film au format DV.
TIFF Séquence	pour les programmes de dessin (TIFF = Tag Image File Format).
Targa Séquence	pour le dessin animé ou des animations graphiques.
GIF Animé	pour réaliser des animations pour l'internet (le GIF Animé ne comprend pas de son).
GIF Séquence	pour monter une série de fichiers GIF contenant une seule image.
Film fixe	pour exporter et travailler un film dans Photoshop. Un filmstrip est utilisé pour certains trucages cinéma dont fait partie la rotoscopie qui est un procédé de retouche image par image. Ce format de fichier se présente en bande verticale contenant chaque image du film à la manière d'une pellicule cinématographique. Ce film, une fois modifié dans Photoshop peut être réintégré dans Premiere.
Flc/ Fli	pour les "filmstrip".

BitmapWindows Séquence	pour montrer une série de fichiers images.bmp.

② Si vous avez choisi un format GIF, cliquez sur ce bouton pour définir les paramètres : le format GIF étant limité à 256 couleurs, l'**Interpolation** permet de ramener le million de couleurs d'une image aux 256 couleurs d'une palette attachée à l'ordinateur. L'incrustation est possible avec le format GIF en choisissant une option de **Transparence** puis la **Couleur** qui doit être rendue transparente. S'il s'agit d'un GIF Animé, cocher la case **Boucle** permet de rejouer indéfiniment la même séquence.

③ Choisissez si vous voulez exporter la totalité de votre film ou uniquement l'intervalle de temps défini par la **Zone de travail**.

④ Cochez ou décochez ces options pour exporter ou ne pas exporter les pistes vidéo et/ou audio.

⑤ Cochez cette option si vous voulez que le fichier exporté soit ouvert dans Premiere à la fin de l'exportation.

⑥ Cochez cette case si vous souhaitez être informé de l'achèvement des calculs d'exportation par un signal sonore.

⑦ Si vous souhaitez maintenir un lien structurel entre le fichier exporté et les éléments source, ouvrez la liste et cliquez sur **Lien du projet** ; le fichier exporté contient alors les informations requises par la commande **Modifier l'original**.

⑧ Cliquez sur ce bouton pour vérifier les paramètres vidéo.

- Définissez les paramètres vidéo comme vous avez pu le faire lors du lancement de Premiere (cf. 2.1 - C). Choisissez si besoin est un codec de compression vidéo (cf. 5.2 - B). Si votre film est destiné à une utilisation sur intranet ou Internet, activez l'option **Limiter le débit à** et précisez le débit voulu. Sélectionnez **Recompresser** pour vous assurer que Premiere exporte un fichier vidéo avec un débit inférieur au débit spécifié. Dans le menu **Recompresser**, choisissez alors :

Toujours	pour compresser toutes les images, même si elles sont en deçà du débit spécifié.
Conserver le débit	pour préserver la qualité en compressant uniquement les images qui dépassent le débit spécifié.

Un intranet est un réseau d'entreprise ou privé utilisant les protocoles de réseau Internet. Dans la mesure où leur champ d'application est limité, les intranets emploient généralement des lignes de communication d'une qualité supérieure à celle des lignes téléphoniques ; ils sont donc nettement plus rapides qu'Internet. Le débit d'un intranet sur ligne spécialisée peut être égal à 100 Ko/s ou plus.

Le débit de l'internet doit tenir compte des performances réelles du récepteur. A titre d'exemple, le débit d'une vidéo en continu conçue pour une connexion 33 600 bps (bits par seconde) est souvent réglé sur 30 000 bps. En effet, des facteurs tels que le volume de données et la qualité de la ligne empêchent la plupart du temps les connexions Internet d'atteindre via le réseau téléphonique, le débit déclaré.

Le débit est fonction de la vitesse du lecteur. Si vous préparez un film pour un lecteur de cédérom double vitesse (300 Ko par seconde), spécifiez une valeur comprise entre 150 et 200 Ko/s, afin de prendre en compte à la fois la vitesse du lecteur et le temps système nécessaire au déplacement des données.

Si votre film doit être lu à partir d'un disque dur, déterminez la cadence de transfert utilisée normalement par les disques durs de vos spectateurs et définissez le débit en conséquence (environ 400 Ko/s).

- Cliquez sur **Suiv.** pour vérifier les paramètres son. Pour compresser les données audio, choisissez un codec de compression audio dans la liste déroulante **Type** (cf. 5.2 - B).
- Cliquez sur **Suiv.** afin de définir les paramètres associés aux images clés et aux options de rendu.
- Cliquez sur le bouton **Suiv.**

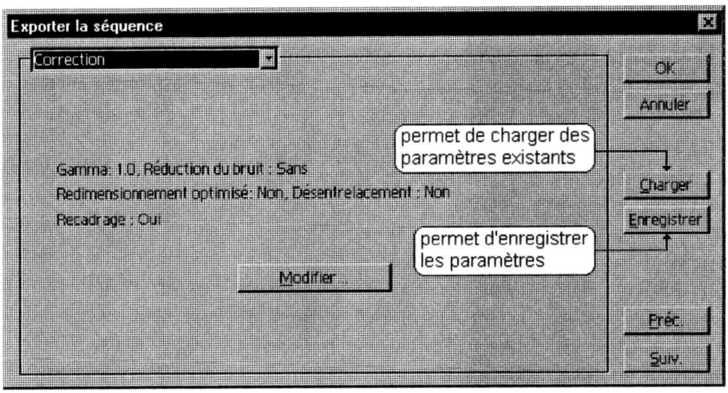

- Pour accèder aux réglages définitifs, cliquez sur le bouton **Modifier**.

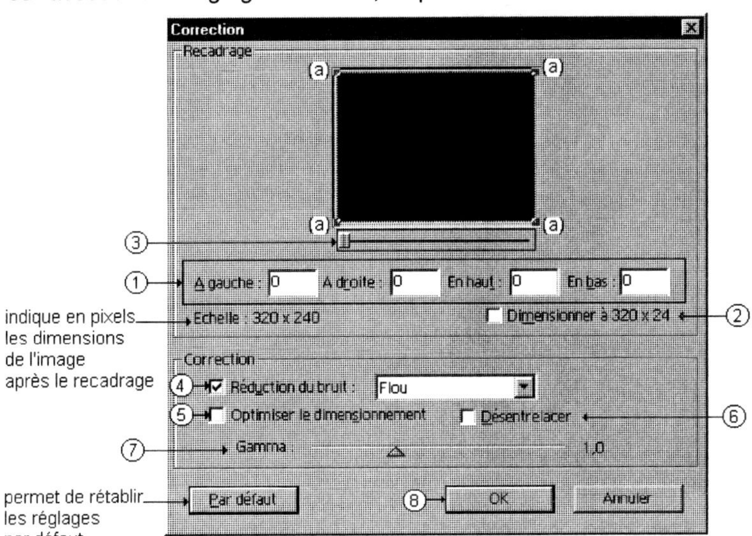

① Pour définir la taille finale de la vidéo, tapez la valeur des marges en pixels ou faites glisser les poignées du rectangle de recadrage (a).

② Si vous avez recadré votre vidéo et si vous ne souhaitez pas qu'elle soit coupée, activez cette option : les images de la vidéo seront alors réduites pour s'intégrer dans l'**Echelle** définie. Si vous choisissez la compression Cinepak, assurez-vous que les dimensions finales sont multiples de 4 car Cinepak fonctionne de manière plus efficace avec des cellules de 4 x 4 pixels.

③ Pour prévisualiser l'effet des autres options de la boîte de dialogue **Correction**, faites glisser le curseur.

④ Cochez cette option pour augmenter la compression en réduisant l'écart entre les valeurs des pixels. Dans la liste déroulante associée, sélectionnez **Flou**, **Flou gaussien** ou **Médiane** pour créer un flou plus ou moins accentué.

⑤ Si vous avez recadré votre vidéo, cochez cette option pour que Premiere utilise sa propre méthode de calcul. Sinon, c'est le codec que vous avez sélectionné qui recalculera l'image, souvent au détriment de la qualité !

⑥ Cette option permet d'éliminer la trame secondaire de la vidéo. Cochez-la si vous réalisez un film pour un cédérom à partir de rushes vidéo.

⑦ Réglez le contraste de l'image à l'aide du curseur. La valeur affichée permet d'ajuster l'image aux différentes plates-formes (l'image PC est plus dure que l'image Mac). La valeur 1 est neutre, une valeur entre 0,7 et 0,8 adoucit l'image.

⑧ Fermez la boîte de dialogue.

- Cliquez sur **OK** pour fermer la boîte de dialogue **Exporter la séquence**.
- Cliquez sur **Enregistrer** pour créer le fichier vidéo.

  *Une boîte de dialogue **Exportation** apparaît : la durée d'exportation y est visible. Au fur et à mesure de l'exportation, une ligne verticale se déplace dans la fenêtre **Montage**.*

⇨ *Si vous disposez du matériel adéquat, vous pouvez exporter votre montage directement sur bande vidéo (cf. 5.2 - D).*

B-Compresser une vidéo

Après exportation, votre film est au format AVI ou au format QuickTime, qui sont les formats de lecture des films sur ordinateur. Si le poids de vos fichiers est relativement important, il convient de le réduire davantage afin d'améliorer le débit.

- La vidéo sur ordinateur utilise trois types de compression :
  - La compression spatiale (espace), comme celle utilisée par les logiciels de graphisme, réduit la description de l'image vidéo en recherchant les répétitions de pixels. Le logiciel détecte et regroupe tous les pixels qui utilisent une même nuance. Plutôt que de décrire individuellement plusieurs milliers de pixels, la compression spatiale utilise des algorithmes mathématiques qui regroupent les pixels de même valeur. Au fur et à mesure que vous augmentez la compression spatiale, le débit et la taille des fichiers décroissent ; l'image perd alors en qualité. Le JPEG fait partie de ces codecs.
  - La compression temporelle est spécifique à la vidéo ou à l'animation. Elle détecte les modifications d'une image à l'autre et regroupe les pixels qui ne changent pas d'une séquence à l'autre. Les autres restent identiques (si la caméra est fixe). Plutôt que de décrire individuellement chacun des pixels de toutes les images, la compression temporelle décrit tous les pixels de la première image puis, pour les images suivantes, uniquement les pixels qui changent. Au bout d'un certain nombre d'images, lorsque trop de pixels diffèrent de ceux de l'image précédente, il est préférable de décrire à nouveau la totalité de l'image. Cette image complète appelée "image clé" définit un nouveau point de départ pour la différenciation des images qui vont suivre. Le MPEG fait partie de cette catégorie de codecs.
  - La compression sans perte, plutôt appelée compactage, conserve toutes les données de l'élément d'origine après la compression. La qualité de l'original est ainsi préservée mais le taux de compression reste toutefois limité. Le compactage se révèle utile pour le montage final ou pour déplacer des éléments entre des systèmes. C'est le cas de la compression **Planar RGB**.
- Pour compresser votre film, importez-le dans la fenêtre **Projet** puis faites-le glisser dans la fenêtre **Montage**.
- **Fichier - Exporter le montage - Séquence**
- Cliquez sur **Paramètres** (PC), **Réglages** (Mac) puis sur **Suiv**.
- Dans la fenêtre des réglages **Vidéo**, choisissez un codec de compression vidéo. Si le format AVI est sélectionné, vous disposez des codecs suivants :

Indeo® Video 5.04	Ce codec est utilisé pour la vidéo diffusée sur Internet, ses fonctions incluent une option de compression rapide, un contrôle des images clés, l'incrustation de chrominance (transparence), des effets de lecture et un système de recadrage. En outre, il adapte le téléchargement au débit du réseau.
Microsoft RLE	S'apparente plus au compactage qu'à la compression, ce codec est performant dans les images contenant de grands à-plats de couleurs comme on en trouve dans le dessin animé. Il est sans perte si vous réglez la qualité sur 100 %.
Microsoft Video 1	S'utilise pour compresser la vidéo analogique.

Intel Indeo Video R3.2	Ce codec atteint des taux de compression intéressants, une meilleure qualité d'image et des vitesses de lecture plus grandes que le codec Microsoft Video 1. Adapté au débit de lecture, ce codec produit des images de qualité proche du codec Cinepak.
Codec Cinepak de Radius	S'utilise pour compresser la vidéo 24 bits destinée à des cédéroms ou à des fichiers vidéo téléchargeables sur le Web. Ce codec atteint des taux de compression élevés et des débits de lecture intéressants ; il est très largement répandu et souvent associé à QuickTime.

Si vous avez sélectionné le format QuickTime, vous disposez des codecs :

Graphique	Utile pour les images graphiques mais moins intéressant pour la vidéo. Il est limité aux images 8 bits.
Vidéo	Utile pour acquérir et compresser de la vidéo analogique. Il donne d'excellents résultats en lecture à partir du disque dur et des résultats moyens lorsque la lecture s'effectue à partir d'un cédérom. Il prend en charge la compression spatiale et temporelle de la vidéo 16 bits. Exceptionnellement avec ce codec, vous pouvez recompresser plusieurs fois les données sans dégradation de qualité.
Animation	Utile pour compresser du dessin contenant de larges à-plats de couleurs, par exemple, pour le dessin animé.
Animation JPEG A **Animation JPEG B**	Spécifiques aux logiciels de montage. Ils combinent les avantages de la compression spatiale et temporelle sans supprimer d'images. Ils permettent donc le travail de montage image par image. Souvent attachés à la carte vendue avec le logiciel, il est recommandé de suivre la notice d'emploi.
Photo-JPEG	Codec avec pertes, mais il conserve 24 bits de profondeur et une image compressée en haute qualité qui se distingue à peine de l'original. Photo-JPEG est symétrique : la durée de la compression est presque équivalente à celle de la décompression, trop lente cependant pour la vidéo en temps réel. Ce codec est peu utilisé par les vidéastes.
DV - PAL **DV - NTSC**	Formats vidéo numériques employés par les matériels vidéo numériques PAL et NTSC. Ils permettent de transférer des plans d'une caméra directement dans Premiere. Ils peuvent également servir de transcodeurs pour transférer de la vidéo numérique entre des plates-formes et entre des ordinateurs équipés de cartes d'acquisition vidéo numérique.

Cinepak Utile pour compresser de la vidéo 24 bits destinée à des cédéroms ou pour des fichiers vidéo téléchargeables sur le Web. Ce codec atteint des taux de compression importants et des débits de lecture rapide. Cinepak est asymétrique : il décompresse rapidement, mais la lenteur de la compression le rend impropre aux fonctions de montage. Les meilleurs résultats s'obtiennent uniquement pour exporter la version finale d'un fichier vidéo.

Sorenson Video Similaire à Cinepak, ce codec plus récent est conçu pour obtenir une qualité élevée avec des débits inférieurs à 200 Kbps. Plus puissant que Cinepak, il nécessite un temps de compression plus long que Cinepak et convient en compression du film final. Il adapte le débit à la puissance de l'ordinateur cible, ce qui permet de lire correctement sur un ordinateur bas de gamme, un film exporté pour un ordinateur haut de gamme.

RVB Plan Codec sans perte, efficace pour les images comportant de vastes zones de couleur unie, comme dans les animations. Il utilise le codage RLE (Run-Length Encoding) et constitue une alternative au codec Animation.

- Accédez à la fenêtre des réglages **Audio** et choisissez un codec de **Compression** audio. Pour le format AVI, vous disposez, par exemple, des codecs :

Intel Audio Software Ce codec est conçu pour fonctionner avec le codec Intel Video Software et convient au son diffusé sur Internet.

DSP Groupe TrueSpeech (TM) Compresse fortement la voix pour une destination Internet.

TGA (Targa) Codec servant à compresser des animations. Souvent utilisé en 3D.

Microsoft-ADPCM Adaptation Microsoft d'Adaptive Differential Pulse Code Modulation (ADPCM), un format audio numérique répandu chez les professionnels du son, il permet de stocker du son de qualité CD (44 kHz).

C-Exporter une vidéo pour Internet

La capacité du réseau internet est limitée. Les modems en usage aujourd'hui sur le web ont un débit autour de 33 000 à 56 000 bits par seconde. Ces contraintes impératives obligent à limiter fortement le débit d'un film monté sous Premiere (cf. Exporter un montage). Adobe offre la possibilité de préparer les vidéos pour le web en utilisant les trois technologies existant actuellement : RealVidéo, QuickTime, Windows Media. Le logiciel fait appel à des modules externes, disponibles gratuitement sur les sites web des fabricants. Lorsque vous y accédez, Premiere vous informe que les boîtes de dialogue s'afficheront en anglais.

En ce qui concerne la vidéo et le web, il existe deux systèmes de diffusion : soit la vidéo est télécharchée entièrement sur le disque dur de l'internaute, soit la vidéo est lue en continu en même temps que sa diffusion (streaming). Les modules proposés par Premiere permettent d'utiliser l'un ou l'autre des systèmes. Quel que soit le système choisi, vous devez tenir compte de l'équipement que possède votre public et faire les réglages proposés en fonction de ses caractéristiques techniques.

Exporter une vidéo avec Realmedia Export

- **Fichier**
  Exporter le montage
  Advanced RealMedia Export
- Si **RealPlayer** n'est pas installé sur votre poste, procédez à l'enregistrement de vos coordonnées et téléchargez le logiciel.
  Si **RealPlayer** est déjà installé sur votre poste, vous visualisez la fenêtre **Advanced RealMedia Export**.

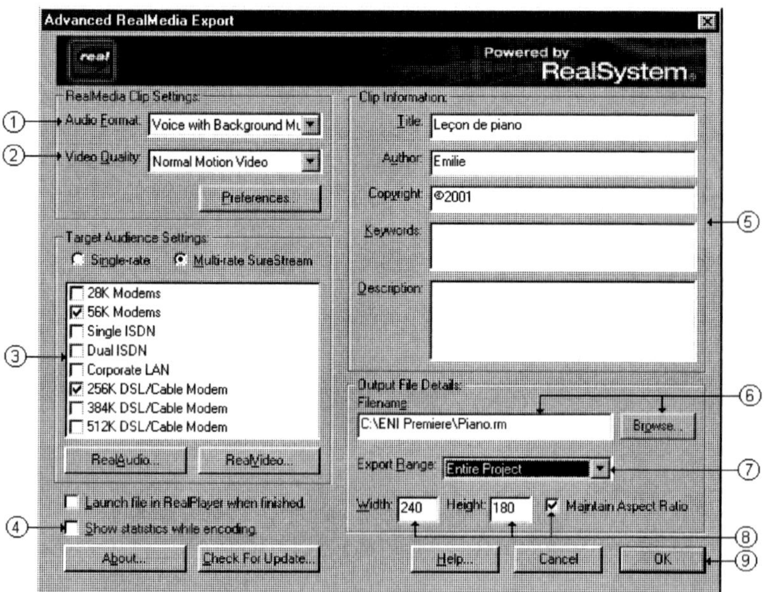

① Choisissez un format audio en fonction du type des éléments audio utilisés dans votre film :

Voice only	si les éléments contiennent uniquement des voix.
Voice with Background Music	si les éléments contiennent à la fois de la musique et des voix.
Music	si les éléments contiennent uniquement de la musique.
Stereo Music	si le film original est en stéréo.
No Audio	si le film ne contient pas d'élément audio.

② Choisissez un format vidéo en fonction du type des éléments vidéo utilisés dans votre film, selon que vous vouliez mettre en valeur le mouvement de l'action ou la qualité de l'image :

Normal Motion	si votre film contient différents types de vidéo.
Smoothest Motion	si les éléments contiennent peu d'actions.
Sharpest Image	si les éléments contiennent beaucoup d'actions.
Slide Show	pour favoriser la précision de l'image.
No Vidéo	si le film ne contient pas d'élément vidéo.

③ Sélectionnez un ou plusieurs types de connexion en fonction du public visé. L'option **Multi-rate SureStream** autorise tous les choix mais il est conseillé d'en choisir seulement trois ou quatre pour limiter la taille du fichier RealMedia. L'option **Single-rate** vous autorise un seul choix.

④ Cochez cette case pour afficher une fenêtre qui vous permet de suivre le déroulement de l'exportation et d'analyser les performances réalisées par votre poste. Une valeur supérieure à 100% du paramètre **Real Time Performance** indique que votre ordinateur n'est pas suffisamment puissant.

⑤ Entrez si vous le souhaitez des informations sur le fichier RealPlayer (titre, nom de l'auteur, année et propriétaire du copyright, mots clés, description).

⑥ Indiquez le chemin et le nom du fichier RealMedia ou cliquez sur le bouton **Browse** pour accéder au dossier d'enregistrement du fichier et saisir son nom.

⑦ Choisissez **Entire Project** pour exporter la totalité du projet, **Work Area** pour exporter la partie correspondant à la zone de travail.

⑧ Modifiez, si besoin est, la taille des images de la vidéo finale (par défaut, elle est la même que celle des images de la vidéo source). Si vous modifiez ces valeurs, cochez la case **Maintain Aspect Ratio** pour conserver le même rapport hauteur/largeur que le film d'origine.

⑨ Lancez l'exportation.

⇨ *Sur PC, les fichiers RealMedia portent l'extension .rm.*

⇨ *Actuellement, 70 % de la vidéo diffusée sur le net utilise la configuration RealVidéo.*

Exporter une vidéo avec Windows Media Export

Fichier
Exporter le montage
Advanced Windows Media

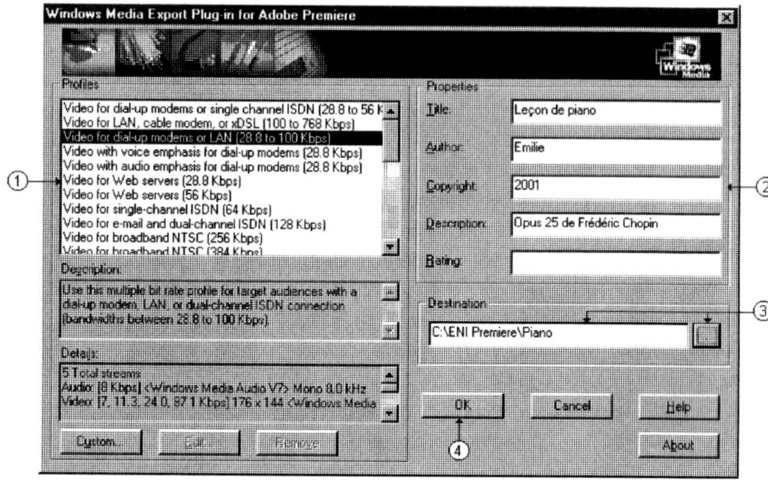

① Choisissez un profil en fonction du contenu de la vidéo à exporter et des performances de la bande passante du public concerné par la diffusion. Aidez-vous des zones **Description** et **Details** qui affichent des informations sur le profil sélectionné et les codecs utilisés.
② Entrez si vous le souhaitez des informations sur le fichier (titre, nom de l'auteur, année et propriétaire du copyright, description...).
③ Indiquez le chemin et le nom du fichier Windows Media à créer ou cliquez sur le bouton pour accéder au dossier d'enregistrement.
④ Lancez l'exportation.

⇨ *Ce système est proposé par Microsoft. Le fichier pourra être lu par Windows Movie Maker, logiciel de montage vidéo livré avec Windows Millennium.*

Exporter une Vidéo avec Save for Web

Ce logiciel, édité par la société Terran, est leader de la compression numérique. Il a la particularité d'être indépendant des constructeurs et d'offrir une palette de compression plus large que ses concurrents.

Fichier
Exporter le montage
Save For Web

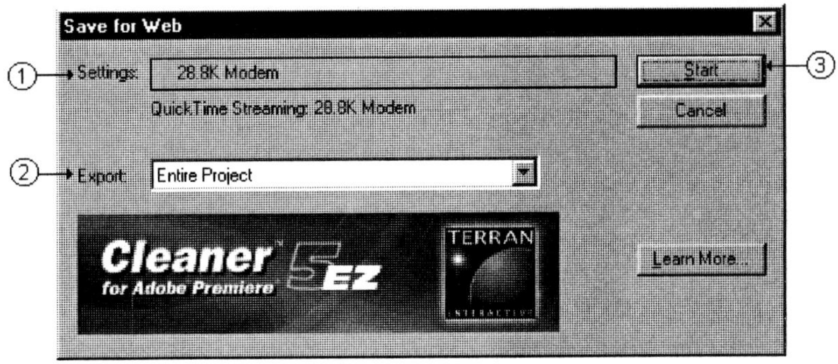

① Cliquez dans cette zone et sélectionnez une préconfiguration pour l'exportation du projet : vous avez accès aux formats QuickTime, RealMedia, AVI, MPEG et MP3.

② Choisissez **Entire Project** pour exporter la totalité du projet ou **Selected Work Area** pour exporter la partie du projet correspondant à la zone de travail.

③ Démarrez l'exportation.

D-Exporter la vidéo sur une bande vidéo

Si vous souhaitez exporter votre film sur une cassette vidéo, il est préférable de choisir une taille d'images de 720 par 576 pixels (format PAL) pour travailler dans Premiere. Si ce n'est pas le cas, Premiere va redimensionner vos images 320 x 240 au format vidéo et le résultat sera catastrophique. Avant de lancer l'exportation, vérifiez les connexions entre votre carte et le matériel vidéo.

Fichier - Exporter le montage - Exportation vidéo

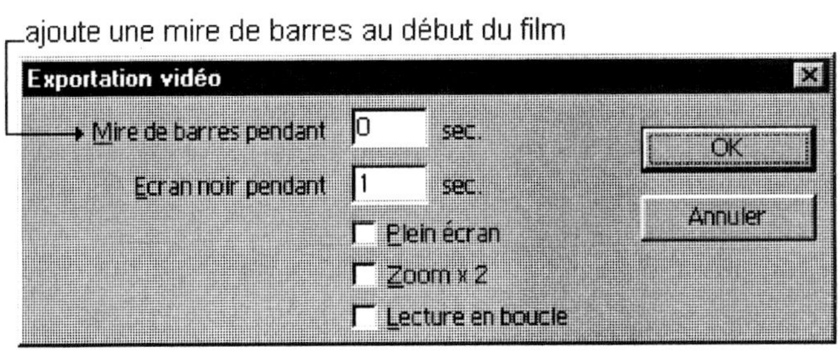

Effectuez les réglages, lancez votre magnétoscope en enregistrement et cliquez sur **OK**.

Le transfert commence en même temps que la lecture.

⇨ *La mire est utilisée par les techniciens pour contrôler la qualité du signal vidéo et le réglage des téléviseurs. Si vous prévoyez de faire dupliquer votre film par un laboratoire, ce dernier l'utilise pour étalonner les copies. Toutes les chaînes de TV obligent de commencer un film par une mire sur une durée fixée contractuellement.*

E-Exporter plusieurs vidéos automatiquement

- **Projet - Utilitaires - Traitement en série**
- Cliquez sur le bouton **Ajouter** de la fenêtre **Traitement en série**.
- Sélectionnez le premier projet ou fichier vidéo à exporter puis cliquez sur **Ouvrir** (PC), **Choisir** (Mac). Sélectionnez ainsi tous les fichiers concernés. S'il s'agit d'un fichier vidéo, la boîte de dialogue **Exporter la séquence** apparaît : déterminez les paramètres puis cliquez sur **OK**.
- Pour chaque fichier de la liste, sélectionnez-le puis cliquez sur **Cible**. Dans la fenêtre **Nom de séquence pour**, spécifiez le chemin d'accès et le nom du fichier créé par l'exportation puis cliquez sur **Enregistrer**.

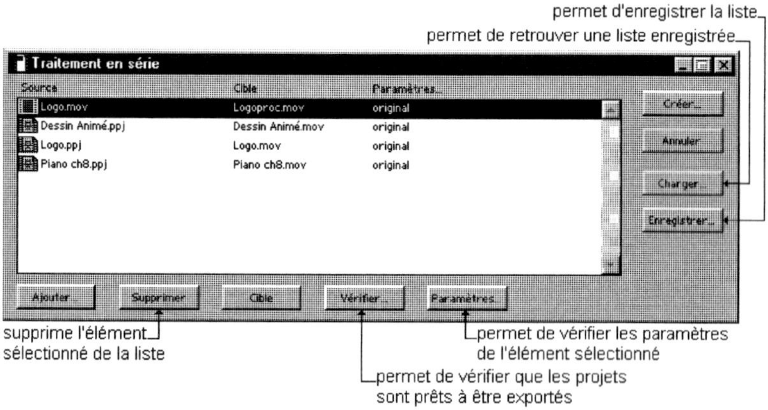

- Sélectionnez, si besoin est, les projets à exporter puis cliquez sur **Créer** (**Production** sur Mac).

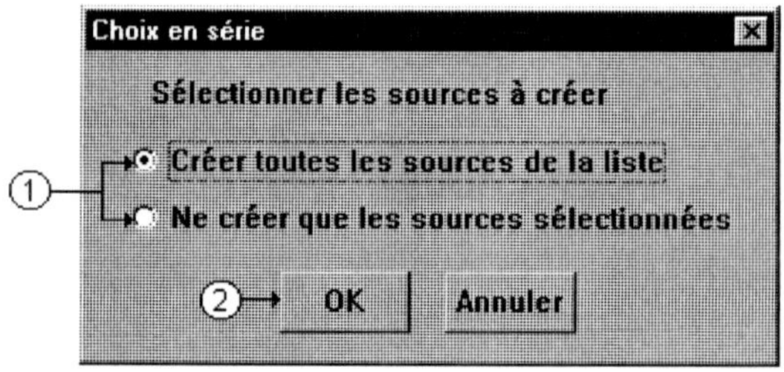

① Indiquez si tous les projets doivent être exportés ou seulement les projets sélectionnés.
② Lancez l'exportation.

Une fois l'exportation terminée, un rapport apparaît à l'écran sous forme de fichier texte.

- Refermez le fichier texte puis la liste de **Traitement en série**.

⇨ *Sur PC, le fichier correspondant à la liste **Traitement en série** porte l'extension .hbp.*

F- Exporter une image fixe

- Positionnez la tête de lecture sur l'image concernée.
- **Fichier** Ctrl Shift **M** (PC)
  Exporter le montage ⌘ Shift **M** (Mac)
  Image
- Dans la boîte de dialogue qui s'affiche, choisissez **Paramètres** (PC), **Réglages** (Mac) et dans les **Paramètres généraux** choisissez le format d'image qui vous convient (GIF, TARGA, TIFF, BITMAP). Ces images peuvent être récupérées dans Photoshop ou dans un logiciel de mise en page type XPress.

G-Exporter un son

- **Fichier** Ctrl Shift Alt **M** (PC)
  Exporter le montage ⌘ Shift ⌥ **M** (Mac)
  Audio
- Cliquez sur le bouton **Paramètres** (PC) ou **Réglages** (Mac) pour accéder aux spécificités des formats.

⇨ *Sur PC, les formats proposés sont Quick Time, Wave, Avi et le son DV.*

Déplacements

(fenêtres Moniteur, Montage, Acquisition vidéo, Image par image ou Elément)

[Ctrl] [⇄]	Basculer entre les fenêtres actives
[→]/[←]	Avancer/reculer d'une image
[⇧ Shift] [→]/[⇧ Shift] [←]	Avancer/reculer de cinq images
A ou [↑]/**S** ou [↓]	Aller à la première/dernière image
[Ctrl] [⇧ Shift] [→]/ [Ctrl] [⇧ Shift] [←]	Aller au point de montage suivant/précédent (sauf dans la fenêtre Elément)

Prévisualisation

(fenêtres Moniteur, Montage ou Acquisition vidéo)

[Entrée]	Prévisualiser
[Espace] ou **L** ou ^{2} (touche supérieure gauche du clavier alpha)	Lire
[Espace] ou **K**	Arrêter
[Ctrl] [⇧ Shift] **^{2}**	Lire en boucle du point d'entrée au point de sortie
J ou [Ctrl] [Alt] **^{2}**	Inverser le sens de la lecture

Définition de points d'entrée et de sortie

(fenêtres Moniteur, Montage ou Elément)

I ou **E/O** ou **R**	Marquer un point d'entrée/point de sortie
D/F	Effacer le point d'entrée/point de sortie
G	Effacer le point d'entrée et le point de sortie
[Ctrl] [↑]/[Ctrl] [↓]	Aller au point d'entrée/point de sortie de l'élément
Q/ W	Aller au point d'entrée/point de sortie du montage

Montage dans la fenêtre Moniteur

[Echap]	Basculer entre la vue source et la vue programme
, (virgule)	Insérer une source dans un programme
; (point-virgule)	Incruster la source dans le programme
>	Prélever du programme les images marquées par des points d'entrée et de sortie
[Ctrl] [⟵]	Supprimer l'élément visible dans l'écran source du menu de la vue source

Modification des options d'affichage de la fenêtre Montage

<	Afficher la totalité du programme
[Ctrl] ^	Basculer entre les tailles d'icônes
[Ctrl] [⇧ Shift] ^ ou **$**	Basculer entre les formats de piste
[↖]	Déplacer le point de montage sur zéro dans la fenêtre Montage

Montage dans la fenêtre Montage

Ctrl clic sur l'échelle de temps	Basculer entre les options d'affichage du temps
Double clic sur la zone de travail	Adapter la zone de travail à la largeur de la fenêtre Montage
Alt clic sur la zone de travail	Placer la zone de travail sur le totalité du programme
Ctrl ⇧ Shift clic sur la zone de travail	Définir le début de la zone de travail
Alt ^	Placer le début de la zone de travail au point de montage
Ctrl Alt clic sur la zone de travail	Définir la fin de la zone de travail
Alt $	Placer la fin de la zone de travail au point de montage
Alt ,/Alt ;	Décaler l'élément sélectionné vers la gauche/droite
Alt ⇧ Shift ,/Alt ⇧ Shift ;	Décaler l'élément sélectionné de cinq images vers la gauche/droite
Alt ←/Alt →	Modifier Déplacer dessus une image vers la gauche/droite
Alt ⇧ Shift ←/Alt ⇧ Shift →	Modifier Déplacer dessus de cinq images vers la gauche/droite
Ctrl Alt ←/Ctrl Alt →	Modifier Déplacer dessous d'une image vers la gauche/droite
Ctrl Alt ⇧ Shift ←/Ctrl Alt ⇧ Shift →	Modifier Déplacer dessous de cinq images vers la gauche/droite
←	Supprimer l'élément sélectionné
Alt ←	Supprimer l'élément sélectionné et raccorder les plans
Ctrl ←	Supprimer le fichier de prévisualisation de l'élément sélectionné
Ctrl Alt ⇧ Shift clic sur la zone de travail	Supprimer tous les fichiers de prévisualisation de la fenêtre Montage

Montage dans les fenêtres Moniteur et Montage

Ctrl +/Ctrl)	Sélectionner la piste suivante au-dessus/au-dessous de la piste vidéo courante
Ctrl ⇧ Shift +/Ctrl ⇧ Shift)	Sélectionner la piste suivante au-dessus/au-dessous de la piste audio courante
Ctrl ⇧ Shift →/Ctrl ⇧ Shift ←	Aller au montage suivant/précédent
Alt ←/Alt →	Décaler d'une image à gauche/à droite du point de montage
Alt ⇧ Shift ←/Alt ⇧ Shift →	Décaler de cinq images à gauche/à droite du point de montage
Alt ↑/Alt ↓	Modifier le titre déroulant d'une image à gauche/à droite du point de montage
Alt ⇧ Shift ↑/Alt ⇧ Shift ↓	Modifier le titre déroulant de cinq images à gauche/à droite du point de montage

RACCOURCIS-CLAVIER PC

Outils associés de la fenêtre Montage

Outil utilisé	Raccourci	Outil activé
Tous les outils sauf l'outil Sélection	Ctrl	Sélection
Point de sortie	Alt	Point d'entrée
Point d'entrée	Alt	Point de sortie
Sélection	Alt ⇧ Shift + élément sélectionné	Lier/Rompre le lien
Sélection de multipiste	Alt	Sélection de piste
Cutter	Alt	Multicutter
Déplacer dessous	Alt	Déplacer dessus
Déplacer dessus	Alt	Déplacer dessous
Sélection	Ctrl Alt ⇧ Shift cliqué-glissé de la ligne de contrôle	Réglage fondu
Sélection de blocs	Ctrl Alt	Déplacer par blocs
Sélection de blocs	Alt	Copier par blocs
Sélection	Ctrl Alt ⇧ Shift clic sur la piste Transition à l'endroit où les pistes Vidéo 1A et Vidéo 1B se chevauchent	Ajouter une transition par défaut (mode Montage A/B seulement)

Mode Raccord

Ctrl T	Activer/désactiver le mode Raccord
Ctrl ⇧ Shift →/ Ctrl ⇧ Shift ←	Aller au point de montage suivant/précédent
←/→	Conformer d'une image vers la gauche/la droite
⇧ Shift ←/⇧ Shift →	Conformer de cinq images vers la gauche/la droite

Fenêtre Titre

Ctrl Alt →/Ctrl Alt ←	Augmenter/diminuer d'un point la taille du texte
Ctrl Alt ⇧ Shift →/ Ctrl Alt ⇧ Shift ←	Augmenter/diminuer de cinq points la taille du texte
Alt ↓/Alt ↑	Augmenter/diminuer d'une unité l'interlignage
Alt ⇧ Shift ↓/ Alt ⇧ Shift ↑	Augmenter/diminuer de cinq unités l'interlignage
Alt →/Alt ←	Augmenter/diminuer le crénage
↑, ↓, ← ou →/ ⇧ Shift touches fléchées	Décaler l'objet d'un pixel/de cinq pixels vers le haut, le bas, la gauche, ou la droite
B/W	Afficher l'arrière-plan en noir/en blanc
Z	Redéfinir la couleur des nuanciers par défaut
2	Activer et désactiver le mode Ebauche
; (point virgule)/, (virgule)	Sélectionner l'objet suivant/précédent

Fenêtre Mixage Audio

Alt clic sur le bouton de panoramique	Rétablir le panoramique par défaut ou le remettre à zéro
Alt clic sur le bouton de volume	Rétablir le volume par défaut ou le remettre à zéro

Acquisition vidéo

(fenêtre Acquisition vidéo)

Espace ou **L**	Lire
⇧ Shift **L**	Lire lentement
⇧ Shift **J**	Lire lentement à l'envers
I/O	Définir le point d'entrée/de sortie de l'élément
G	Enregistrer
Alt + bouton **Réenregistrer**	Enregistrer du début à la fin
Q/W	Atteindre le point d'entrée/de sortie d'acquisition
S	Arrêter
Espace ou **K**	Faire une pause
F ou **L**	Avancer rapidement à l'arrêt ou en cours de lecture
→ ou **2**	Avancer d'une image
R ou **J**	Rembobiner à l'arrêt ou en cours de lecture
← ou **1**	Reculer d'une image
Tab	Se déplacer à traver les images modifiables
Echap	Rendre toutes les images floues
Entrée	Dérusher
⇧ Shift **E**	Ejecter

A l'exception des commandes **Enregistrer** et **Arrêter**, ces raccourcis sont disponibles uniquement pour l'acquisition avec le pilotage de machine.

Acquisition vidéo image par image

(fenêtre Image par image)

Espace ou **G**	Enregistrer
Echap	Arrêter
1 à 9	Capturer une à neuf images
0	Capturer dix images

Déplacements

(fenêtres Moniteur, Montage, Acquisition vidéo, Image par image ou Elément)

[⌘] [⇄]	Basculer entre les fenêtres actives
[→]/[←]	Avancer/reculer d'une image
[⇧ Shift] [→]/[⇧ Shift] [←]	Avancer/reculer de cinq images
A (ou [↑])/**S** (ou [↓])	Aller à la première/dernière image
[⌘] [⇧ Shift] [→]/ [⌘] [⇧ Shift] [←]	Aller au point de montage suivant/précédent (sauf fenêtre Elément)

Prévisualisation

(fenêtres Moniteur, Montage ou Acquisition vidéo)

[Entrée]	Prévisualiser
[Espace] ou **L** ou **)**	Lire
L ou **)** autant de fois que nécessaire	Lire plus rapidement
[Espace] ou **K**	Arrêter
[⌘] [⇧ Shift] **)**	Lire en boucle du point d'entrée au point de sortie
J ou [⌘] [⌥] **)**	Inverser le sens de la lecture

Définition de points d'entrée et de sortie

(fenêtres Moniteur, Montage ou Elément)

I ou **E/O** ou **R**	Marquer un point d'entrée/point de sortie
D/F	Effacer le point d'entrée/point de sortie
G	Effacer le point d'entrée et le point de sortie
[⌘] [↑]/[⌘] [↓]	Aller au point d'entrée/point de sortie de l'élément
Q/ W	Aller au point d'entrée/point de sortie du montage

Montage dans la fenêtre Moniteur

[Echap]	Basculer entre la vue source et la vue programme
, (virgule)	Insérer une source dans un programme
; (point-virgule)	Incruster la source dans le programme
>	Prélever du programme les images marquées par des points d'entrée et de sortie
[Ctrl] [⟵]	Supprimer l'élément visible dans l'écran source du menu de la vue source

Modification des options d'affichage de la fenêtre Montage

<	Afficher la totalité du programme
[⌘] [⇧ Shift] **ù** ou **$**	Basculer entre les tailles d'icônes
[⌘] [⇧ Shift] ^ ou **$**	Basculer entre les formats de piste
[↖]	Déplacer le point de montage sur zéro dans la fenêtre Montage

Montage dans la fenêtre Montage

[⌘] clic sur l'échelle de temps	Basculer entre les options d'affichage du temps
Double clic sur la zone de travail	Adapter la zone de travail à la largeur de la fenêtre Montage
[⌥] clic sur la zone de travail	Placer la zone de travail sur le totalité du programme
[⌘] [⇧ Shift] clic sur la zone de travail	Définir le début de la zone de travail
[⌥] ù	Placer le début de la zone de travail au point de montage
[⌘] [⌥] clic sur la zone de travail	Définir la fin de la zone de travail
[⌥] $	Placer la fin de la zone de travail au point de montage
[⌥] ,/ [⌥] ;	Décaler l'élément sélectionné vers la gauche/vers la droite
[⌥] [⇧ Shift] , / [⌥] [⇧ Shift] ;	Décaler l'élément sélectionné de cinq images vers la gauche/ droite
[⌥] [←]/ [⌥] [→]	Modifier Déplacer dessus d'une image vers la gauche/droite
[⌥] [⇧ Shift] [←]/ [⌥] [⇧ Shift] [→]	Modifier Déplacer dessus de cinq images vers la gauche/ droite
[⌘] [⌥] [←]/ [⌘] [⌥] [→]	Modifier Déplacer dessous d'une image vers la gauche/droite
[⌘] [⌥] [⇧ Shift] [←]/ [⌘] [⌥] [⇧ Shift] [→]	Modifier Déplacer dessous de cinq images vers la gauche/ droite
[←]	Supprimer l'élément sélectionné
[⌥] [←]	Supprimer l'élément sélectionné à l'aide de l'option Supprimer et raccorder
[⌘] [←]	Supprimer le fichier de prévisualisation de l'élément sélectionné
[⌘] [⌥] [⇧ Shift] clic sur la zone de travail	Supprimer tous les fichiers de prévisualisation de la fenêtre Montage

Montage dans les fenêtres Moniteur et Montage

[⌘] , /[⌘] ;	Sélectionner la piste suivante au-dessus/au-dessous de la piste vidéo courante
[⌘] [⇧ Shift] , / [⌘] [⇧ Shift] ;	Sélectionner la piste suivante au-dessus/au-dessous de la piste audio courante
[⌘] [⇧ Shift] [→]/ [⌘] [⇧ Shift] [←]	Aller au montage suivant/précédent
[⌥] [←]/[⌥] [→]	Décaler d'une image à gauche/à droite du point de montage
[⌥] [⇧ Shift] [←]/ [⌥] [⇧ Shift] [→]	Décaler de cinq images à gauche/à droite du point de montage
[⌥] [↑]/[⌥] [↓]	Modifier le titre déroulant d'une image à gauche/à droite du point de montage
[⌥] [⇧ Shift] [↑]/ [⌥] [⇧ Shift] [↓]	Modifier le titre déroulant de cinq images à gauche/à droite du point de montage

Outils associés de la fenêtre Montage

Outil utilisé	Raccourci	Outil activé
Tous les outils sauf l'outil Sélection	⌘	Sélection
Point de sortie	⌥	Point d'entrée
Point d'entrée	⌥	Point de sortie
Sélection	⌥ ⇧ Shift + élément sélectionné	Lier/Rompre le lien
Sélection de multipiste	⌥	Sélection de piste
Cutter	⌥	Multicutter
Déplacer dessous	⌥	Déplacer dessus
Déplacer dessus	⌥	Déplacer dessous
Sélection	⌘ ⌥ ⇧ Shift sur une ligne de contrôle	Réglage fondu
Sélection de blocs	⌘ ⌥	Déplacer par blocs
Sélection de blocs	⌥	Copier par blocs
Sélection	⌘ ⌥ ⇧ Shift clic sur la piste Transition à l'endroit où les pistes Vidéo 1A et Vidéo 1B se chevauchent	Ajouter une transition par défaut (mode Montage A/B seulement)

Mode Raccord

⌘ T	Activer/désactiver le mode Raccord
⌘ ⇧ Shift →/ ⌘ ⇧ Shift ←	Aller au point de montage suivant/précédent
←/→	Conformer d'une image vers la gauche/la droite du point de montage
⇧ Shift ←/⇧ Shift →	Conformer de cinq images vers la gauche/la droite du point de montage

Fenêtre Titre

⌘ ⌥ →/ ⌘ ⌥ ←	Augmenter/diminuer d'un point la taille du texte
⌘ ⌥ ⇧ Shift →/ ⌘ ⌥ ⇧ Shift ←	Augmenter/diminuer de cinq points la taille du texte
⌥ ↓/⌥ ↑	Augmenter/diminuer d'une unité l'interlignage
⌥ ⇧ Shift ↓/ ⌥ ⇧ Shift ↑	Augmenter/diminuer de cinq unités l'interlignage
⌥ →/⌥ ←	Augmenter/diminuer le crénage

[↑], [↓], [←] ou [→]/ [⇧ Shift] touches fléchées	Décaler l'objet d'un pixel/de cinq pixels vers le haut, le bas, la gauche, ou la droite
B/W	Afficher l'arrière-plan en noir/en blanc
Z	Redéfinir la couleur des nuanciers de couleur et d'ombre par défaut
; (point virgule)	Sélectionner l'objet suivant
, (virgule)	Sélectionner l'objet précédent

Fenêtre Mixage vidéo

[⌥] clic sur le bouton de panoramique	Rétablir le panoramique par défaut ou le remettre à zéro.
[⌥] clic sur le bouton de volume	Rétablir le volume par défaut ou le remettre à zéro.

Acquisition vidéo

(fenêtre Acquisition vidéo)

[Espace] ou **L**	Lire
[⇧ Shift] **L**	Lire lentement
[⇧ Shift] **J**	Lire lentement à l'envers
I/O	Définir le point d'entrée/de sortie de l'élément
G	Enregistrer
[⌥] + bouton **Réenregistrer**	Enregistrer du début à la fin
Q/W	Atteindre le point d'entrée/de sortie d'acquisition
S	Arrêter
[Espace] ou **K**	Faire une pause
F OU **L**	Avancer rapidement à l'arrêt ou en cours de lecture
[→] ou **2**	Avancer d'une image
R OU **J**	Rembobiner
[←] ou **1**	Reculer d'une image
[⇄]	Se déplacer à travers les images modifiables
[Esc]	Rendre toutes les images floues
[Entrée]	Dérusher
[⇧ Shift] **E**	Ejecter

A l'exception des commandes **Enregistrer** et **Arrêter**, ces raccourcis sont disponibles uniquement pour l'acquisition avec le pilotage de machine.

Acquisition vidéo image par image

(fenêtre Image par image)

G OU [Espace]	Enregistrer
[Esc]	Arrêter
Tapez un chiffre de 1 à 9	Capturer une à neuf images
0	Capturer dix images

P